뜨겁게

뜨겁게

유난희 지음

버튼북스

Prologue

얼마전 〈인턴〉이란 영화를 보았다. 성공한 여성 CEO는 앤 해서웨이가, 70세 인턴은 로버트 드니로가 맡았다. 회사를 성공적으로 이끌기 위해 온 정신을 쏟느리 미음만큼 가족과 함께 하지 못하는 〈인턴〉의 여주인공을 보면서 나의 모습이 오버랩됐다. 나도 한 가지 일에 집중하면 그 외의 것은 눈에 들어오지 않는 타입의 사람이다. 일하는 도중에 누가 말을 걸면 한번에 알아듣거나 대답하지 못한다. 멀티태스킹이 불가능하다.

아이들이 어렸을 때 출장을 다녀오면 시어머니는 아이들이 눈에 밟히지도 않느냐며, 어떻게 전화 한 통 하지 않느냐고 나무라셨다. 솔직히 내 머릿속에 아이들은 없었다. 그 정도로 일에 집중한다. 참 지독한 엄마다. 성격이 그렇다 보니 종종 사지 말아야 할 오해를 사기도 한다. 나를 잘 모르는 사람들은 간혹 내게 서운해 하거나 나를 차갑게 여기기도 한다.

하지만 결국 성공이란 '집중'에서 시작하는 것이라고 생각한다.

온전히 집중해야 일의 완성도도 올라간다. 어떤 일이나 마찬가지라고 생각한다. 회사에서 집안일을 걱정하고, 집에서 회사 일을 걱정한다고 해서 양쪽 모두에게 도움은 되지 않는다.

나는 '기억의 질량은 마음의 부피와 같다'고 믿는다. 기억이 나지 않는다는 것은 결국 마음이 없기 때문이다. 집중한다는 것은 내 마음이 온전히 거기에 가 있다는 것을 의미한다. 그렇기 때문에 나는 상품과 브랜드를 기억하고, 상품의 장단점을 파악해 방송할 수 있는 것이다. 내 마음이 온전히 거기에 꽂혀 있기 때문이다.

영화 〈인턴〉을 보면서 나는 공감했다. 성공한 여성과 그녀의 가족, 회사 사람들이 일하고 사랑하고 살아가며 겪는 갈등⋯⋯. 결국 사람이 사는 세상은 다 똑같았다. 또 자신의 일에 집중하는 앤 해서웨이의 모습을 보며 지난 날의, 그리고 현재의 나를 떠올렸다. 일과 가정 모두를 지켜내는 그녀를 보며, 나와 그녀 역시 로버트 드니로처럼 보다 현명하고 보다 지혜로운 사람이 되기를 소망했다.

올해는 내가 쇼호스트를 시작한 지 꼭 20주년이 되는 해다. 지난 이십 년을 되돌아보니 감회가 새롭다. 홈쇼핑이라는 개념조차 없었던 우리나라에서 쇼호스트로 일하며 개국방송을 준비했던 시간들이 스쳐지나간다. 차마 말로 다할 수 없는 황당한 사건, 사고도 많았고 그 시간 속에서 많이 울기도, 웃기도 했다. 최근에는 홈쇼핑에 대한 인식이 조금씩 바뀌고 있다는 사실이 나를 흐뭇하게 한다. 예전보다 좀 더 다양한 상품이 홈쇼핑을 통해 소개되고 있고, 시청자들을 만족시키려는 노력이 이어지고 있는 것 같아 뿌듯하다.

이 책은 그동안 쉼 없이 달려온 나를 돌아보며 앞으로의 이십 년을 준비하고자 하는 다짐이다. 방송과 병행해야 했기에 쉽지 않은 작업이었지만, 이렇게 나를 되돌아보는 과정이 또 한 번 나를 성장하게 해줄 것이라고 믿는다. 뒤돌아보지 않고 앞만 바라보며 열심히 살아왔다. 이런 나를 사랑해주는 많은 사람들이 있었기에 가능한 시간이었다.

8월의 태양만큼 뜨거운 책을 내자고 약속해놓고 두 계절을 넘겨 찬바람 부는 12월 문턱까지 와버렸다. 책을 내는 일은 늘 그렇듯 나 자신과의 싸움이었다. 바쁜 스케줄로 하루하루를 쫓기는 듯한 일정에 그렇잖아도 가족들과 많은 시간을 함께 보내지 못하는데 또 한 권의 책을 내겠다고 부산을 떨다보니 가족들과 함께 할 여유가 거의 없었다. 그래도 언제나처럼 각자의 위치에서 최선을 다하고 열심히 사는 가족들에게 늘 미안하고 감사한 마음을 전하고 싶다.

마지막으로 이 책을 읽는 사람들이 나의 여정에 동참해 희망을 포기하지 않고 용기를 얻길 바란다.

Prologue ...5

자유롭게

미친 듯이 산다는 것 ...12

꿈이 없었다면 ...18

독립을 할 거야 ...25

꿈을 꾸다, 썸을 타다 ...31

열정페이, 경험페이 ...37

인생도 수학처럼 ...47

가족을 트레이닝하는 여자 ...54

인정하면 쉬워진다 ...61

세상의 잣대, 나의 기준 ...67

돈은 돈다 ...72

여자가 아니라 사람이다 ...79

혼자 있는 시간 ...84

냉정하게

실패가 준 선물 ...90

달콤한 시련 ...96

운은 없다, 노력이 있을 뿐 ...103

오직 진심뿐 ...110

워킹우먼의 원칙과 룰 ...121

감성보다 이성으로 ...129

감정은 실수를 부른다 ...134

인생의 터닝 포인트 ...141

냉정과 열정 사이 ...148

부러우면 지는 거야 ...154

부질 없다, 일희일비 ...159

나는 스스로 지킨다 ...164

이겨내지 못할 시련은 없다 ...169

아름답게

지금이 아름다운 이유 ...176

아름다움은 만드는 것 ...182

바꿀 수 없는 것은 없다 ...187

긍정의 힘을 믿는다 ...194

부드러운 카리스마 ...199

아름다운 세상, 아름다운 생각 ...205

명품 골라주는 여자 ...211

명품 같은 사람 ...217

나눌수록 커지는 행복 ...222

엄마는 아름답다 ...229

본질에 집중하라 ...236

뜨겁게

꿈의 온도 ...244

스물두 번의 실패를 통해 ...254

직업의 가치 ...256

최고보다 최초 ...272

프로는 다르다 ...281

오프라 윈프리를 꿈꾸며 ...288

자기관리는 적금과 같다 ...293

내 곁에 있는 사람 ...298

다시 꿈꾸다 ...303

나의 지금이 가장 뜨겁다 ...308

/자
유
롭
게/

미친 듯이
산다는
것

미친 듯이 살았다.

지난 이십 년을 한마디로 표현하면 '미친 듯이'라는 말이 딱 맞는 것 같다. 일에 푹 빠져 앞만 보고 달려왔다. 일과 관련된 것이라면 물불 가리지 않고 뛰어들었다. 그러다 보니 쇼호스트로 지낸 지 벌써 이십 년이란 시간이 훌쩍 지났다. 세월 참 빠르구나, 새삼 그런 생각이 든다. 한 가지 일에 꽂혀 그것만 몰입하며 살다 보니 시간은 블랙홀처럼 나를 빨아들였다.

그래서인지 나는 요일 개념도 없다. 프리랜서이기 때문이기도 하지만, 주말이 내게 그리 중요하지 않기 때문이다. 이런 나를 보며 사람들은 '독종'이라고 한다. 욕심이 많다고도 한다. 하지만 내가 좋아하는 일을 열심히 하며, 그 일을 잘해내고 싶은 것이 왜 욕심일까? 이십 년이 지난 지금도 나는 어제보다는 오늘, 오늘보다는 내일 더 일을 잘하고 싶은 욕구가 끓는다.

무언가를 갈망하고 추구하며 '미친 듯이 산다'는 것과 무엇엔가 얽매이거나 구속되지 않고 내 마음대로 사는 자유라는 단어는 얼핏 보기엔 전혀 다른 별개처럼 보인다. 하지만 내게 두 가지는 서로 맥락이 닿아 있는, 서로 다르지 않은 등식의 관계다. '미쳤다'는 것은, 내가 원하는 방향으로 가고 있다는 것이기 때문이다.

자유롭게 산다는 것은 어떤 것일까? 한국이라는 나라에서 여자가, 일하는 여자가, 그것도 결혼한 여자가 과연 자유롭게 살 수는 있을까? 여자라는 세상의 관념에 얽매여, 일에 얽매여, 가정에 얽매여, 아이들에 얽매여 그렇게 살아갈 수밖에 없는 것은 아닐까? 하지만 나는 세상에서 요구하는 평균적인 잣대를 스스로에게 강요하고 싶지 않다. 평균이란 결국, 남들과 똑같이 살라는 말밖에 되지 않는다.

십 년 전쯤이다. 파리에서 열리는 프레타포르테 패션쇼를 보러 가야 했다. 꼭 봐야 하는 브랜드가 있었다. 아무리 시간을 쪼개고, 쪼개 보아도 사흘밖에 시간이 나질 않았다. 최소한 5일은 되어야 여유 있게 다녀올 수 있을 텐데, 어떻게 할지 고민스러웠다. 하루를 꼬박 고민하다 결단을 내렸다.
"가자!"
일단 결정하고 나면 그다음은 더 이상 깊이 생각하지 않는 것이 내 스타일이다. 곧바로 짐을 쌌다. 시간이 없었다. 내가 보고 싶은 쇼 시간에 맞추기 위해서는 당장 출발해야 했다. 가족들에게는 출장을 간다고 통보하고 공항으로 향했다.

서울 토요일 낮 출발 – 파리 현지 시간 토요일 저녁 도착 – 호텔로 직행하여 1박 – 다음 날 아침 행사장 쇼 관람 – 당일 밤 파리 출발 – 월요일 새벽 도착

가는 데 열한 시간, 오는 데 열두 시간, 비행기와 도로에 뿌리는 시간만 서른여 시간. 정작 파리에서 일을 본 시간은 겨우 여덟 시간 정도에 불과했다.
"파리 왕복 항공료와 호텔비……, 그걸 합치면 돈이 얼마야. 나라면 안 가지. 그 돈이면 웬만한 직장인 한 달 월급인데……."
열에 아홉은 이렇게 이야기한다. 하지만 그때 내게 중요한 것은 시간이나 돈이 아니었다. 내게 필요한 것은 박람회장과 패션쇼 관람이었다. 장시간의 비행을 해야 했고, 거금을 들여야 했고,

여유 없는 짧은 일정이었지만 결코 그 결심을 후회한 적이 없다. 그 순간이 정말 좋았고, 감사했고, 행복했다.

누군가는 가치관의 차이라고 할 것이다. 성격 차이라고 할 수도 있다. 어느 쪽인들 무슨 상관일까. 내가 원하는 것을 얻었는데. 그리고 내가 행복한데. 마치 옆집 가듯 파리에 다녀오겠다며 짐을 챙겨 훌쩍 공항으로 떠나는 나를 보고 사람들은 미쳤다고 한다. 충동적이라고 한다. 제멋대로라고 한다. 그러면서 부럽다고 한다. 자유로운 삶을 살고 있다고 한다.

하지만 아이러니하게도 나는 한 번도 내가 자유로운 삶을 살고 있다고 생각해본 적은 없다. 단지 내가 원하는 것을 위해 행동하고 있을 뿐이다. 그런데 사람들은 나를 보고 모두 입을 모아 내가 자유롭다고 이야기한다.

자유의 양면성.

사람은 태어나면서 어딘가에 예속된다. 어릴 때는 부모에게. 성인이 되어서는 사회에, 회사에, 인간관계에. 결혼해서는 가정에, 아이에……. 결국 인간은 온전히 자유로울 수 없다. 미치지 않는다면 자유는 생각조차 할 수 없는 세상인지도 모르겠다. 나 스스로도 미처 깨닫지 못했지만, 일에 미쳐 있었기에 나는 자유로울 수 있었던 것 같다.

미쳤다는 말을 들어야 후회 없는 인생이다.

내가 좋아하는 문구다. 언젠가 잡지에서 이 문구를 발견하고 가슴 한켠이 설레듯 흥분으로 차올랐다. 그래, 이게 바로 내가 원하는 삶이야.

나는 이 문구를 사진으로 찍어 인스타그램에 올렸다(찾아보니 서울시 공무원인 평범한 직장인이 사막과 오지를 다니는 모험가로 변신한 사연을 담은 책 제목이었다). 그런데 의외로 많은 사람이 이 문장에 호응하고, 공감했다. 좋아요를 누르는 사람이 많았고, 사진을 공유하며 미쳤다는 말을 들으며 살고 싶다는 글을 남겼다. 세상에는 꿈을 가지고, 그 꿈을 향해 미친 듯이 달려가고 싶은 사람들이 생각보다 많다. 그럼에도 불구하고 어떤 한 가지에 미치기란 쉽지 않다. 왜 그럴까?

나는 단순하다. 나를 아는 사람들은 내 정신 연령이 초등학교 4학년 수준이라며 놀려댄다. 하지만 나는 이런 내가 싫지 않다. 아이들은 생각이 많지 않다. 그렇기 때문에 행동한다. 그런데 아이들이 행동을 하면 '아직 어려서,' '순수해서'라고 이야기하면서, 나이 들어서 행동하면 미쳤다고 한다. 철이 덜 들었다고 한다.

하지만 나는 이렇게 생각한다. 미치지 못하는 것은 생각이 많아서라고. 나이가 들었다고 무조건 철이 들어야 하는 건 아니라고. 철이 든다는 건, 사리를 분별하고 판단하는 힘이 생긴다는 의미다. 하고 싶은 것을 자제하고 억누르라는 것은 아니다.

준오헤어의 강윤선 대표가 전 재산인 집을 팔아 미용실 직원을 데리고 영국으로 교육을 받으러 간 일화는 유명하다. 이유는 단순했다. 직원들에게 세계 최고 수준의 미용을 보여주고 싶었다는 것이다. 어느 누가 이십 년 동안 모은 돈을 혼자도 아니고, 직원까지 데리고 가서 교육시킬 생각을 할 수 있을까? 미치지 않고서는 도저히 할 수 없는 행동이다. 하지만 그녀는 했고, 성공적으로 사업을 이끌었다.

생각이 많으면 이것저것 걸리는 것이 너무 많다. 다른 사람들 시선도 의식해야 하고, 가족 생각도 해야 하고, 주머니 사정도 따져봐야 하고, 앞날도 걱정해야 하고, 그 일을 하고 나서 혹시 힘들지는 않을지 내 몸의 건강도 고려해야 한다. 하지만 이런 생각들은 행동에 걸림돌만 될 뿐이다. 단순해져야 미칠 수 있고, 미쳐야 자유로울 수 있다. 이성적으로 생각하면 세상에는 너무 많은 장애물들이 놓여 있다. 때로는 적당한 이성과 풍부한 감성이 필요하다. 그래야 삶이 따뜻해지고 풍요로워진다.

지난 이십 년, 아니, 내가 꿈을 꾸기 시작한 그때부터 나는 미친 듯이 살아왔다. 그리고 건강과 여건이 허락하는 한 앞으로도 나는 그렇게 살고 싶다. 나는, 이런 내가 좋다.

꿈이
없었다면

지금으로부터 삼십 년도 훌쩍 더 된 1980년, 지금은 상상할 수조차 없지만, 그때에는 자정부터 새벽 네 시까지 실시되었던 통행금지가 있었다(통행금지는 1982년에 해제되었다). 그 시간에 돌아다니는 사람은 경찰에 붙잡혀 경찰서 철창신세를 면치 못했다.

요즘은 누구나 쉽게 비행기를 타지만, 당시만 해도 특별한 경우를 제외하고는 50세 이상만 해외여행을 갈 수 있었다. 그것도 일 년에 단 한 번, 200만 원을 일 년간 예치해야 가능했다. 해외여행이 전면 자유화된 것이 1989년 1월 1일이었으니 지금으로부터 오래되지 않은 일이다. 당연히 내가 대학생일 때는 해외여행은 꿈도 꿔보지 못했다.

아들은 공부시켜도 딸은 교육시킬 필요 없다는 보수적인 가정도 많았고, 여자가 대기업 임원이 되는 것이 특별한 뉴스여서 각종 신문 지면을 장식하던 때였다. 지금이야 나이 마흔을 넘겨도 인생을 즐기며 당당하게 사는 싱글이 많지만, 그때는 여자 나이 서른이면 이미 한물가도 한참 물 건너간 노처녀라는 인식이 보편적이었다. 결혼은 반드시 해야 하고, 서른이면 결혼 시장에서 퇴물이라고 생각했다. 호랑이 담배 피우던 시절의 케케묵은 이야기가 아니라 겨우 이삼십 년 전 이야기다.

아버지가 군인이셨던 우리 집은 특별히 더 보수적이었다. 예를 들면 벽에 전쟁이 일어나도 물러서지 말고 맞서 싸우라는 내용을 포함한 '군인 가족이 지켜야 할 십계명'이 붙어 있을 정도였다. 가족들에게 자상하셨지만 원칙에 엄격했던 아버지는 내가 대학생이 되었어도 귀가 시간은 열 시를 넘지 못하게 하셨다. 근면 성실하고, 효도하고, 애국하고, 어른이 숟가락을 들어야 식사를 시작하고, 식사를 마쳐도 어른이 일어날 때까지 자리를 지키거나 식사 속도를 맞춰야 했다. 하지만 딸이 선생님이 되어 좋은 집안에 시집가길 바라는 평범한 가장이기도 하셨다. 나는 대학에 들어가기 전까지 한 번도 그런 아버지의 말을 거역한 적이 없는 착하고, 모범적인 딸이었다.

우리의 어머니 시절에 비할 바는 결코 아니겠지만, 지금보다도 훨씬 더 여자에게 제약이 많았다. 결혼하면 일은 그만두는 것이 당연했고, 육아 휴직은 생각도 못했다. 가족이 나의 자유를 완전히 얽맨 것은 아니지만, 시대가 그랬고, 분위기가 그랬다. 그러나 나는 그 속에서 꿈을 꾸었고, 꿈을 꾸며 자유로웠다.

어쩌면 경기 불황의 끝이 보이지 않고 저성장 시대에 접어든 지금보다 한창 눈부신 경제 성장을 이루며 풍요로운 문화를 누렸던 그때가 내 꿈을 펼치기에 더 수월했을 거라고 이야기하는 사람이 있을지도 모르겠다. 그러나 나는 이런 비교가 아무런 의미가 없다고 생각한다. 오래전부터 선구적인 신여성은 있었고, 오랜 시간이 지난 후에도 자신의 틀을 깨지 못하는 여성은 있을 것이기 때문이다. 결국은 내 의지의 문제다.

나를 자유롭게 한 것은 꿈이었다. 나는 꿈을 꿀 때 자유로웠고, 무엇이든 할 수 있을 것 같았다. 꿈이 있었기에 나를 받아주지 않는 세상 속에 나아가 부딪힐 엄두가 났고, 엄격한 아버지의 뜻을 거스를 수 있는 용기도 생겼다. 꿈이 있었기에 서른이 되도록 시집을 못 가도 조급하지 않았고, 결혼해서도 일할 수 있을 거라는 믿음이 있었다. 남들은 나를 믿지 못했지만, 꿈은 나 스스로를 믿도록 용기를 주었고 격려해주었다. 모두 꿈을 꾸었기에 가능했던 일이다.

만약 내가 나의 꿈을 반대하는 가족과 적당히 타협했더라면 어떻게 되었을까? 나를 믿지 못하고 나 자신과 적당히 타협했다면 어떻게 되었을까? 현실과, 시대와 타협했다면 어떻게 되었을까? 나는 내 꿈과 타협하지 않았기에 누군가에게 선망의 대상이 될 수 있었고, 웃을 수 있는 지금의 내가 되었다.

세상은 참 많이 변한 것 같으면서도 그 속을 들여다보면 변하지 않았다. 여자가 하지 못할 일은 없어졌지만, 여전히 여자에게 사회란 어렵고 힘든 곳이다. 여전히 사회는 여자에게 불평등하고, 여자라는 잣대로 구속하려 든다. '유리 천장'이라는 말이 괜히 생겨난 것이 아니다. 하지만 유리 천장을 깨는 여성들이 있고, 지금도 많은 여성이 유리 천장을 깨기 위해 도전하고 있다.

꿈은 자유다. 꿈속에서 나는 무엇이든 될 수 있었다. 꿈이 없었다면 아마 나는 지금쯤 아이를 키우는 평범한 중년으로 나이 들어가고 있을지도 모른다. 전업주부가 나쁘다는 의미가 아니다. 이상형의 남자를 만나 결혼해 아이를 낳고 아이의 꿈을 지지해주는 현모양처가 되는 것이 자신의 꿈이라면 그것으로 충분하다.

꿈꾼다는 것은 얼마나 황홀한 일인가. 손에 잡히지 않는 반짝이는 별을 바라보는 듯한 황홀함이다. 성별도, 지역도, 나이도, 환경도 아무런 상관이 없다. 꿈을 꿀 수 있는 것 자체가 자유다. 내게도 그랬다.

꿈은 오랫동안 접혀 있던 나의 날개를 펼 수 있도록 지원해주

꿈은 빛이다.
꿈은 에너지다.
꿈은 끈이다.

끝이 보이지 않는 것 같은
답답하고 캄캄한 이 세상에서
별처럼 아름답게 빛나며
당신을 자유롭게 해주는
<u>유일한 단 하나의 끈이다.</u>

는 든든한 후원자였다. 꿈속에서 나는 안도하고 기회를 기다리며 인내할 수 있었다. 내가 꿈에 목말랐던 당시의 내 여건은 지금 취업난에 허덕이며 힘들어하는 사람들과 비교해 한 치도 나은 것이 없었다. 가정주부들이 맞벌이로 내몰리고 있는 지금의 상황이 쌍둥이를 키운 나의 지난 이십 년에 비해 더 많이 악화된 것도 아니라고 생각한다.

결정적인 차이는 꿈이 있는 것과 없다는 것이다. 내겐 하고 싶던 일이 있었고, 그 길을 향해 열심히 달려갔을 뿐이다. 경제가 어려워지고 취업난이 이어지면서 '삼포 세대(연애, 결혼, 출산)', '오포 세대(삼포+인간관계, 집)', '칠포 세대(오포+꿈, 희망)'라는 자조적인 단어들이 유행하고 있다. 주부들은 아이들 학원비 마련을 위해 취업문을 두드린다. 삶의 극단으로 내몰리고 있는 사람들이 점점 더 늘어나고 있다는 방증이다.

하지만 그렇게 부정적으로만 생각할 일은 아니다. 고단하고 힘겨울 따름인 삶에 꿈을 보탠다면 상황은 많이 달라질 것이다. 꿈꾸는 사람의 삶은, 비록 현실은 냉랭해도 따뜻한 손난로를 감싸 쥐고 있는 듯 온기를 품고 있다. 반면 아무것도 꿈꾸지 않는 사람은 도전조차 하지 않아 아무것도 얻지 못할 것이다.

꿈은 빛이다. 꿈은 에너지다. 꿈은 끈이다. 많은 사람이 꿈을 꾸며 인생을 살아가는 힘을 얻는다. 꿈은 끝이 보이지 않는 것 같은 답답하고 캄캄한 이 세상에서 별처럼 아름답게 빛나며 당신을 자유롭게 해주는 단 하나의 끈이다.

　지금 아무리 힘들고 어려워도 꿈이 있다면, 꿈이라는 끈을 놓치지 않는다면, 당신은 어디든 갈 수 있고 무엇이든 할 수 있다. 내가 그랬고, 그 끈은 당신에게도 똑같이 유효하다.

독립을
할 거야

80년대엔 펜팔(pen pal)이 대유행이었다. 말 그대로 '편지를 주고받으며 사귀는 벗'이다. 지금이야 인터넷이나 SNS가 발달해 굳이 편지를 쓰지 않아도 누구나 쉽게 소통할 수 있고, 외국 친구를 사귀기도 쉽다. 하지만 당시만 해도 국내에서 외국인을 만나기란 쉽지 않았고, 외국인을 만나면 마치 외계인을 쳐다보듯 했다. 그래서 낯선 문화에 대해 호기심과 동경이 있고, 외국 친구와 사귀고 싶고, 영어 공부도 하고자 했던 아이들은 펜팔을 많이 했다. 외국 친구를 소개하는 펜팔 중개업체가 있어서 우편으로 안내서를 받아 친구를 고르는 방식이었는데, 일일이 손편지를 쓰는 재미가 쏠쏠했다.

나는 고등학교 때까지 몇 명의 펜팔 친구를 사귀었는데, 그중에서도 중학교 2학년 때 미국 콜로라도에 살던 내 또래의 친구가 가장 기억에 남는다. 막 사춘기에 접어들었던 나는 편지를 쓰기 위해 영어 사전을 찾고, 팝송 가사도 많이 뒤적거렸다. 그 친구와 꽤 오랫동안 펜팔을 하며 많은 이야기를 편지로 주고받았는데, 감수성이 예민한 때여서 그런지 그녀의 말 한마디 한마디가 내게 꽤 많은 영향을 주었다.

"난 열아홉 살이 되면 부모 곁을 떠나 독립할 거야."

당시에는 한국에서 여자가 결혼하기 전에 부모 곁을 떠난다는 것은 상상도 할 수 없는 일이었다. 여자는 조신하게 부모 옆에서 지내면서 좋은 곳에 시집가는 것이 최고의 미덕이라고 가르치던 때였다. 열네 살, 우물 안 개구리였던 나도 당연히 그렇게 살아야 하는 줄 알았다. 그래서 그 친구의 말은 내게 상당한 문화적 충격을 안겨주었다.

우리나라 대부분의 학생은 결혼 전까지는 부모와 같이 지내고 용돈도 받는다고 했더니, 그녀는 "왜 성인이 되었는데도 독립하지 못하느냐"며 우리나라의 문화를 이해하지 못했다. 그때 난 왠지 모르게 나 자신이 부끄럽고 초라하게 느껴졌다.

나는 4남매 중 둘째다. 둘째는 보통 성격이 강하고 독립적이라고 한다. 그게 위아래로 치어서 그렇다는 우스갯말처럼 실제로 내 성격이 그랬다.

어렸을 때부터 부모님 허락이나 동의를 구하기보다는 스스로 판단하고 결정하는 일이 많았다. 다른 형제와 달리 나는 자주적이었다. 알아서 일어났고, 알아서 공부했고, 알아서 생활했다. 부모님은 그런 내게 별다른 잔소리를 하지 않으셨지만, 잔소리를 듣기 싫어서 내가 알아서 먼저 행동했던 탓도 있을 것이다. 아마 어릴 때부터 내 안에는 자유의지라는 것이 꿈틀대고 있었던 것 같다. 이런 내게 펜팔 친구의 말은 내 맘속에 있던 자유의지를 불태울 수 있는 도화선이 되었던 것 같다.

물론 성인이 되었다고 해서 부모로부터 반드시 독립해야 하는 것은 아니다. 독립이 꼭 혼자 사는 것을 의미한다고도 생각하지 않는다. 인격체로서의 독립, 한 인간으로서 스스로 생각하고 자주적으로 판단할 줄 아는 것도 분명한 독립이자 자립이다.

4, 5년 전쯤이다. 홈쇼핑 MD가 되고 싶어 하는 친구가 한 명 있었다. 대학교를 졸업하고 취업 준비를 하던 친구였다. 똑똑하고 괜찮은 사람 같아서 눈여겨보고 있었는데, 매번 MD 시험에 떨어졌다. 안타까운 마음에 나는 공채가 아닌 특채라는 방법도 있으니 홈쇼핑의 협력업체에 들어가는 것이 어떠냐고 제안했다. 마침 협력업체에서 직원을 구한다면서 제자를 소개해달라고 하던 차였다. 나는 그녀를 소개했다. 협력업체는 경력직을 원했지만,

면접을 보고 난 후 성실하고 일을 잘할 것 같다며 나를 믿고 경력이 없는 그녀를 채용하겠다고 했다. 3개월의 수습 기간 동안 월급 150만 원, 수습이 끝나고 나면 200만 원 정도를 주겠다고 했다. 결과를 알려주었다. 그런데 그녀의 입에서 나온 말 한마디는 나를 충격에 빠트렸다.

"부모님께 여쭤보고요."

그녀는 스물여섯 살이었다. 그런데도 자신의 앞길을 스스로 결정하지 못한다는 것이 놀라웠다. 참, 안타까웠다. 나는 아르바이트를 할 때, 원서를 넣을 때, 시험을 볼 때, 직장을 구할 때, 심지어 직장을 그만둘 때도 단 한 번도 부모님에게 의견을 구한 적이 없다. 혹자는 나를 불효자식이라고 생각할지 모르지만, 나는 자신의 인생은 스스로 만들어가야 한다고 생각한다.

하지만 그녀는 부모님과 상의한다며 고향으로 내려갔고, 돌아와서는 부모님이 반대한다고 했다. 명문대를 나와 그런 중소기업에 들어가려고 하느냐며, 그만두라고 했다고 한다. 화가 났다. 그녀는 대학을 졸업하고, 2년째 취업을 못 하고 있었다. 굳이 내가 그럴 필요까지는 없었지만 아까운 인재라는 생각이 들어 차분하게 그녀를 설득했다.

"내 생각은 달라. 물론 너나 부모님이 원하는 자리는 아닐 수 있지만, 그 업체는 홈쇼핑과 일하기 때문에 홈쇼핑 소식을 누구보다 빨리 들을 수 있고, 내부 사정을 쉽게 파악할 수 있어. 너만 잘한다면 홈쇼핑 회사에 입사할 기회를 만들 수 있을 거야. 일 년, 빠르면 반년 안에도 홈쇼핑에 취직할 수 있을 거야. 한길만 있는 것은 아니야. 여러 갈래의 길이 있으니 판단을 잘해라."

실제 협력업체에서 일하면서 좋은 인상을 홈쇼핑에 남겨 특채로 입사한 사례도 여러 차례 보았다. 하지만 결국 그녀는 취직을 포기했다. 월급이 너무 적다는 것이었다. 더는 말하지 않았다. 하지만 그녀에 대한 실망감은 이루 말할 수 없이 컸다.

물론 주변 사람과 상의할 수 있다. 다른 사람 의견에 귀를 기울이는 것도 중요하다. 하지만 어떤 길을 갈 것인지 최종 결정은 본인이 내리는 것이다. 의견은 의견일 따름이다.

결국 그녀는 4년이 지난 지금까지 취직을 못하고 있다. 이제 그녀를 찾는 회사는 없을 것이다. 지금도 그녀는 부모에게 용돈을 받아서 생활하고 있을지도 모른다. 지금은 나도 그녀가 그 회사에 들어가지 않은 것이 다행이라고 생각한다. 자신의 진로 하나 스스로 결정하지 못하는 사람이 어떻게 회사가 필요로 하는 인재가 될 수 있겠는가.

요즘은 어릴 때부터 학교 숙제를 대신해주고, 학점에서부터 진로까지 결정해준다. 그래서인지 스스로 판단하고 결정을 내리지 못하는 사람이 많다. 편하고 좋은 것만 봐서 힘든 길은 가지 않으려고 한다. 그 친구의 꿈이 정말 홈쇼핑 MD가 맞긴 했을까?

전셋값이 치솟고, 월세까지 치솟는 요즘 젊은 층들에게 독립이란 일종의 사치일 수도 있다. 독립하느니 차라리 부모와 함께 살면서 그 돈을 아껴 미래의 삶에 투자하겠다는 사람도 많다. 독립이 꼭 집을 나와 혼자 사는 것만을 의미하지는 않는다. 어느 정도 수준을 끌어올릴 때까지 완전한 경제적인 자립이 어려울 수 있다. 그러나 내 삶을 스스로 선택하고 책임질 수 있는지에 대한 고민은 필요하다고 믿는다.

가족과 함께 있어도, 자신이 독립적인 인간인지에 대한 물음이 선행되어야 할 것이다. 나도 결혼하기 전까지는 부모와 함께 지냈다. 정말 다급할 때에는 손을 벌리기도 했다. 그러나 나는 독립적인 인간이고 싶었고, 자립하려고 노력했다.

'나는 대학에 가면 꼭 경제적으로 독립할 거야.'

내 나이 겨우 열네 살. 우리 집이 재벌만큼 잘살지는 않았지만 그렇다고 대학 등록금을 벌어야 할 만큼 가난하지도 않았다. 부모님도 내게 경제적으로 독립하라고 강요하지 않으셨다. 그렇지만 열네 살, 자그마한 체구의 내 마음속에선 독립이라는 뜨거운 갈망 하나가 서서히 자라고 있었다.

꿈을 꾸다, 썸을 타다

"꿈이 뭐예요?"

"대통령!"
"과학자!"
"가수!"
"의사!"
"축구선수!"
"수의사!"
"모델!"

내가 어릴 때는 아이들에게 꿈이 뭐냐고 물어보면 다양한 답이 나왔던 것 같다. 그런데 요즘 우리나라 청소년의 장래희망 1위는 공무원이라고 한다. 심지어 초등학생조차 꿈이 '7급 공무원'이라고 할 정도다.

언제부턴가 우리나라 청소년들의 꿈은 대학 진학이 되어 버렸고, 많은 대학생들은 공무원이 되기를 꿈꾼다. 참 씁쓸하다. 그중에는 좋은 공무원이 되어 나라 발전에 이바지하겠다는 꿈을 품은 사람도 있겠지만, 정말 내가 도전하고 싶은 꿈을 꾸는 것이 아니라 안정적인 삶과 경제력만 따지는 것 같아 아쉽고 안타깝다.

나는 아직도 젊음이 가진 가장 위대한 힘은 꿈꿀 수 있는 무한한 자유와 동력이라고 믿는다. 십 대, 이십 대는 이런 특권을 지닌 세대다. 그럼에도 꿈꾸지 못한다는 것은 얼마나 슬픈 일인가.

나는 꿈이 많았다. 내가 스스로 꾼 꿈도 있고 부모님의 꿈을 좇은 적도 있다. 그러다 보니 어릴 적부터 내 꿈은 수시로 바뀌었다. 피아니스트, 약사, 디자이너, 배우 등……. 하지만 어떤 것이 진짜 내 꿈인지 진지하게 생각한 적은 제대로 없었던 것 같다.

아버지는 내가 학교에서 학생들을 가르치는 선생님이 되기를 바라셨다. 그것이 시집을 잘 갈 수 있는 길이고, 선생이 여자 직업으로는 최고라고 생각하셨다. 아마 아버지로서 내가 편하고 안정적인 인생을 살 수 있는 답을 찾아주려고 하셨을 것이다 그건 어머니도 마찬가지였지만 어머니는 아버지와 달리 내가 전문직을 갖길 바라셨다. 세계적인 피아니스트는 못 되어도 먹고 살 걱정은 없을 거라며 피아노를 배우라 하셨다. 그래서 나는 초등학교 2학년 때부터 십 년간 피아노를 배웠다.

그러나 어머니의 바람에도 불구하고 나는 피아노를 좋아한 적이 없다. 그저 어머니의 바람이었기에, 거역하기 싫어 따랐을 뿐이었다. 막상 음대를 가기 위해 본격적으로 피아노를 배우기 시작했을 때 나는 내가 피아노에 대한 흥미도, 열정도 없다는 것을 깨달았다.

고등학교에 들어가 제2외국어로 불어를 배우면서 흥미를 느꼈고, 불문과에 들어가 제대로 배우고 싶었지만, 아버지의 뜻을 거역하기는 어려웠다. 아마도 그때는 내가 너무 어렸고, 미래에 대한 선택의 짐이 무거워 누군가에게 맡기고 싶었을지도 모르겠다. 독립이니, 자립이니, 떠들어댔지만 실제 내 인생을 책임지기 위해 투쟁을 하기에는 겁이 났고, 피하고 싶었는지도 모르겠다.

부모의 희망이 자신의 꿈과 맞아떨어질 수도 있다. 하지만 나는 아니었다. 다른 대학, 다른 학과에 들어가서 여름방학을 맞은 나는 휴학을 하거나 다시 시험을 쳐서 대학에 진학하고 싶다는 생각을 할 정도로 내 진로에 대해 진지하게 고민하기 시작했다. 그리고 그 순간, 결심했다. 앞으로 내 인생은 나를 가장 잘 아는 내가 판단하고, 결정하고, 책임지겠다고 말이다. 부모님의 희망이 내 꿈이 될 수는 없었던 것이다.

그때부터 나는 부모님의 뜻을 거역하기 시작했다. 교사가 되기 위해서는 2학년 2학기부터 교사 자격증를 따기 위해 필수 과목을 이수해야 했다. 나는 학교 선생님이 되겠다는 꿈을 가져본 적이 없기에 선택할 이유가 없었다. 대학교와 학과는 부모님의 선택에 따르긴 했지만, 내 적성에 맞지 않는다는 판단을 한 이후에는 나의 행복을 위해 방향을 바꿔야 했다. 결국 교사 자격증 과목을 이수하는 대신 부전공으로 선택한 영문학 수업을 들었다. 나중에 대학을 졸업할 때 당연히 교사 자격증을 땄을 거라고 생각하신 아버지의 실망과 분노는 말할 필요가 없다.

사실 많은 사람들이 알고 있듯이 내 꿈은 방송국 아나운서가 되는 거였다. 하지만 꼭 아나운서가 목표였다기보다 일을 하고 싶었다. 왜인지는 나도 콕 집어 말하기 어렵다. 일을 통해 성취감을 느끼고 싶었던 것도 있고, 돈을 벌면 내가 하고 싶은 일을 할 수 있어서 좋은 것도 있었다. 그러나 무엇보다 일하는 자체가 즐거웠다.

어떤 일을 할까, 꿈에 대해서 진지하게 고민했고, 그러다 어릴 때부터 내가 좋아하던 마이크를 떠올렸다. 나는 내 목소리를 녹음하고 듣는 것을 좋아했다. 그래서 고른 직종이 아나운서고, 충분히 도전할 만한 가치가 있다고 느꼈다. 만약 끝끝내 카메라 앞에 서지 못했다면 어땠을까? 분명 나는 또 다른 일을 찾아서 하고 있었을 것이다.

'그래! 내 길은 이거야. 아나운서가 되겠어.'

그렇게 마음먹은 후 나는 내가 할 수 있는 최선을 다해 꿈을 향해 돌진했다. 감히 정말 열심히 노력했다고 자부한다. 물론 여기에는 경직된 내 성격도 한몫한다. 보통은 삼사 년 해보다가 '난 아닌가 보다' 하고 포기하지만, 한길밖에 몰랐고 모범생이던 나는 다른 생각은 할 수 없었다. 실망과 좌절도 있었지만, 꿈을 향해 달려가는 내 모습이 근사했고 자랑스러웠다.

꿈은 가만히 있으면 찾아오지 않는다. 이루어질 리도 없다. 꿈은 안개 속에 있는 보물과 같아서 찾아 헤매고, 가까이 다가가기 위해 행동하고, 구체화시키고, 발전시켜야 한다. 그리고 그 꿈이 정말 내가 원해서, 내가 즐기면서, 내가 행복해하면서 할 수 있는 꿈인지 끊임없이 되뇌고 물어야 한다. 썸을 타듯, 밀당하듯 꿈과 연애해야 한다. 그래야 이 꿈이 정말 내가 원하는 꿈인지 알 수 있고 계속 동기부여를 받을 수 있다.

꿈은 만들어가는 거다. 꿈을 이루지 못했다고 해서 꿈꾸지 말라는 법은 없다. 새로운 꿈을 만들면 된다. 꿈을 꾸는 데 돈이 드는 것도 아니다. 얼마든지 무이자로 빌려 쓸 수 있다.

대한민국이 온통 붉은 물결로 가득했던 2002년 한일월드컵 당시 '꿈★은 이루어진다'라는 말이 한창 유행했다. 나는 이 말을 진심으로 믿는 1인이다. 좌절하지 않는 한, 포기하지 않는 한, 꿈은 반드시 이루어진다.

열정페이,
경험페이

'열정페이' 논란이 뜨겁다. 희망을 품고 열심히 일하는 젊은 층들에게는 말로 하지 못할 고충일 것이다. 6개월 뒤에는 정직원이 될 수 있을 것이라고 약속하지만, 부침개 뒤집듯 쉽게 약속을 뒤집고는 정식 직원으로 채용하지 않는다는 이야기가 여기저기에서 들린다. 열심히 하면 취직할 수 있을 거라고 생각하면서 열정을 불살랐을 그들을 생각하면 마음이 아프다. 얼마나 속상하고 아팠을까? 허탈했을까? 그들의 마음이 고스란히 느껴져 그런 뉴스를 볼 때마다 안타깝고 아쉽기만 하다.

현실은 예나 지금이나 참 열악하다. 고약하다. 그래도 나는 한 살이라도 어릴 때 더 많은 일, 아르바이트를 해보라고 권하고 싶다. 열정페이에 대한 논란은 꺼지지 않겠지만, 일은 돈으로 따질 수 없는 많은 경험을 하게 해준다. 나 역시 아르바이트를 하면서 내 적성을 조금씩 찾았다.

나는 대학생이 되면 첫 일 년 등록금을 제외하고는 결코 부모님에게 손을 내밀지 않겠다고 다짐했다. 그리고 부모님으로부터 경제적으로 독립하기 위해서는 장학금을 타거나 아르바이트를 할 수밖에 없었다.

당시의 아르바이트 풍경은 지금과 많이 달랐다. 아르바이트는 정말 가정 형편이 어려워서 하거나 취미 삼아 하는, 극과 극의 양상을 보였다. 1980년에는 과외금지법이 발효되었다. 대학생의 대표적인 아르바이트였던 가정교사(과외)가 금지된 이후 식당 접시 닦기, 군고구마 장사, 포장마차, 카페 DJ 등이 주종을 이뤘고, 일부 대학생들은 노동판에서 노역 아르바이트를 하기도 했다.

나는 집안 형편 때문이 아니라 열네 살 나 자신과의 약속을 지키고 싶어 아르바이트를 시작했다. 사실 대학생이 되고도 집과 학교밖에 몰랐던 나로서는 어디서부터 어떻게 일을 시작해야 할지 몰랐고, 사회에 나가서 사람들과 부대끼며 일한다는 게 낯설고 무섭기도 했다. 그래서 나는 어머니에게 손을 내밀었고, 어머니는 내가 부탁한 아르바이트를 잊지 않고 기억하셨다가 옆집에 사는 다섯 살짜리 꼬마아이의 피아노 과외를 연결해주셨다. 십 년 동안 배워둔 것이 어딘가에 쓸모가 있었던 것이다. 누군가를 가르치는 것은 보람 있고 재밌으면서도 힘든 일이다. 하지만 아이를 가르치며 누군가를 가르치는 것이 내 적성에 맞지 않는다는 것을 분명히 알게 되었다. 일 년여의 피아노 교습 후 나는 대기업 소비자 설문조사, 음악카페 DJ, 분식점, 커피숍 서빙 등 많은 아르바이트를 했다.

그러다 우연찮게 좋은 기회가 찾아왔다. 1980년대 당시, 대학생들에게 가장 인기 있는 아르바이트는 백화점 판매원이었다. 수입과 근무 시간이 고정되어 있어 안정적이있고 근무환경노 좋았다. 나도 학교 아르바이트 신청 센터에 원서를 넣었고, 롯데백화점 본점에서 여름 방학 동안 대학생 판매 아르바이트생을 구한다는 연락을 받았다. 우리나라에서 제일 큰 백화점이고 대기업에서 운영하는 곳이니 믿고 해볼 만하다는 생각에 아르바이트를 결심했다. 그리고 이곳에서의 아르바이트는 내 인생의 커다란 방점을 찍었다.

처음에는 그저 롯데가 대기업이고 백화점의 환경이 깨끗하고 화려해서 즐겁게 일할 수 있을 것이라는 생각뿐이었다. '빵순이'라는 별명을 가지고 있었던 나는 베이커리 코너에 배치되어 빵이나 실컷 먹으면 좋겠다고 생각했다. 스물한 살. 사회 경험이 많지 않았던, 딱 그 나이에 생각할 수 있는 정도의 수준이었다. 하지만

열정페이라는 말로
그럴싸하게 포장해서
노동력을 착취한다는 논란을
부정하는 것은 아니지만,
**내 미래를 향해 가기 위해서는
징검다리도 필요한 법이다.**

미끄러지면 바로 서는 법도 배우면서
물에 빠지지 않는 법도 배우면서
기다리는 법도 배우면서
**그렇게 한 발 한 발
성장하고 나아가는 것이다.**

나의 바람과 상관없이 내가 배치받은 곳은 롯데백화점 PB브랜드 여성복을 판매하는 매대였다.

내가 맡았던 폭이 1미터 남짓한 상품 매대는 치열한 삶의 공간이었다. 그해 여름, 나는 하루에도 수백 명이 오가는 백화점의 그 좁디좁은 곳에서 과외나 서빙, 설문조사 같은 단순한 아르바이트에서는 배울 수 없었던 또 다른 세상을 배웠다. 삶의 현장은 결코 녹록지 않다는 현실을 말이다.

고객들을 응대하면서 수많은 사람들의 다양한 모습과 태도를 보았다. 그러면서 '인간'이라는 존재에 대해 처음으로 많은 생각을 해본 계기가 되었다. 그리고 그곳에서 함께 일하는 직원과 부대끼며, 직장생활의 수고스러움을 터득하게 되었고 사회생활의 DNA를 갖게 되었다. 하루 종일 서서 고객을 응대하는 판매 여직원들의 고된 일상을 가까이에서 보면서 손님으로 백화점에 갔을 때 나의 태도를 반추해보기도 했다.

또 하나의 소득은 내게 설득의 기술이 있음을 알게 되었다는 것이다. 단순히 소비자의 선택을 따르는 것에 그치는 것이 아니라 소비자가 직접 선택하게 하고 때로는 후회 없는 바른 선택을 하게 하는 기술이 내게 있었다. 의도했던 것도 아니고 궁금했던 적도 없는데 판매 아르바이트 경험을 통해서 얕게나마 습득하게 됐고 관심이 생겼다.

의외의 발견이었다. 그전에는 그저 방송국에서 마이크를 들고 프로그램을 진행하는 방송 진행자에 대한 관심만 깊은 줄 알았던 내가 누군가를 설득하고 거기에서 오는 쾌감을 즐기고 있다는 것을 알았을 때, 몰랐던 나의 달란트 하나를 더 발견한 것 같아 신기하기만 했다.

처음 한 달로 계약하고 시작한 아르바이트였지만, 내가 맡았던 매대의 매출이 좋았고, 그 덕에 숙녀복 담당인 과장으로부터 좀 더 일해보지 않겠느냐는 제안까지 받았다. 기분 좋은 경험이었다. 이후 오랫동안 판매나 장사와 인연이 닿지 않았지만, 결국 이때의 경험은 나의 커리어에 지대한 영향을 미쳤다.

대학 친구들은 가정 형편이 어렵지 않은 내가 아르바이트하는 것에 대해 의아하게 생각했다. 심지어 형제 중에서도 아르바이트는 유일하게 나 혼자 했다. 그러나 내가 경험한 아르바이트 종류만큼 세상은 그 실체를 내게 보여주었다. 겉으로 보기에는 재미있어 보이지만, 실제로는 의외로 재미없고 지루한 일도 많았다. 어떤 일은 너무 쉬워서 재미를 못 느꼈고, 힘들다고 생각한 일을 해내면서 생각지도 못한 재미를 발견하기도 했다.

일을 하고 대가를 받는 것도 신기하고 좋았다. 또 직접 돈을 버니 이것저것 해보고 싶은 것을 할 수 있어서 좋았다. 게다가 일을 하면서 다양한 사람을 만나는 것도 흥미로웠다. 무엇보다 내게 어떤 일이 맞는지 하나하나 알아가게 되는 것이 즐거웠다.

요즘 청춘들은 가난하다. 88만원 세대라고 한다. 절대적으로 취업이 어려운 것도 맞다. 기계화와 자동화로 인해 직원을 뽑지 않는 기업이 늘어나고, 외국인 노동자가 대거 한국으로 들어오면서 일자리가 상대적으로 많이 줄어든 것도 분명하다. 하지만 그런 이유를 전면에 내세우는 것은 비겁한 핑계일 수도 있다는 생각이 들기도 한다. 내 기준을 버리고, 일만 생각하면 못 할 일이 없다고 생각한다. 게다가 지금 수중에 돈이 없다면 더욱더 말이다.

한번은 네일케어를 받으러 간 적이 있다. 1회에 10만 원쯤 하는 고가의 네일케어였다. 그곳엔 이미 네일케어를 받고 있는 젊은 여성 두 명이 이야기를 나누고 있었다. 듣고 싶어서 들었던 것은 아니지만, 자연스럽게 그들의 대화가 내 귀에 들어왔다.

"얼마 전 시험 봤어. 면접을 봤는데, 음…… 연봉이 너무 적어."

"어떻게 할 거야?"

"글쎄……. 전화가 오긴 왔는데, 별로 안 내켜. 좀 더 찾아보지 뭐."

그들이 떠나고 난 후 네일숍 직원에게 그 친구들에 대해 물어봤다. 단골이라고 했다. 취직을 안 한 것 같은데 이렇게 비싼 네일케어를 어떻게 받느냐고 했더니 용돈을 받아서 하는 것 같다고 했다. 그러면서 2년째 놀고 있다고 했다. 얼마 전 취직을 하긴 했는데, 두 달 만에 그만두었다고 했다.

안타깝게도 많은 젊은이들이 착각을 한다. 현실을 오해하고 있다. 앞에서 예를 들었던 스물여섯 MD 지망생도 대기업이 아니고 연봉이 적어서 싫다고 했다. 그 중소기업은 수습 150, 정직 200만 원 정도를 제시했다. 그런데 홈쇼핑의 대졸 첫 월급은 220~230만 원 정도다. 이것저것 제하고 나면 200만 원이 채 되지 않는 금액을 받는다. 방송에 따라 일하기 때문에 최소한 열네 시간, 많으면 하루 열여덟 시간 동안 일하기도 한다. 그런데 그 중소기업은 정시 출근에 정시 퇴근이었다. 홈쇼핑에서 일하는 것보다 더 나은 조건이었다.

젊은이들은 세상에 쉬운 일이 있을 거라고 생각한다. 허드렛일을 하고 싶어 하지 않는다. 폼 나는 일만 하고 싶어 한다. 하지만 이 세상에 폼 나는 일이란 없다. 모두 물밑에서 열심히 발을 젓고 있는 백조일 따름이다. 그러므로 백 원이라도 벌 수 있다면 일하는 것이 맞다. 연봉이 적다고 해도, 일하지 않으면 백 원도 못 번다. 공짜로 일하는 것도 아니지 않은가.

물론 비교할 수는 없겠지만, 내가 아르바이트를 할 때 당시 시급은 400원 정도였다. 여덟 시간을 꼬박 일해도 한 달에 6~7만 원을 벌었다. 나는 일하는 게 즐거워서, 그리고 일하면 400원이라도 벌기 때문에 했다. 하지만 세자들에게 아르바이트를 하겠느냐고 물어보면 하나같이 얼마나 주는지부터 묻는다. 그러고는 돈이 적어서, 취향에 맞지 않아서, 근무 환경이 나빠서 하기 싫다고 한다. 기준을 높이 세우면 세상에 할 수 있는 일은 없다. 생각을 바꿔야 한다. 지금 백 원이 평생 백 원은 아니다. 백 원이 천 원이 되고, 만 원, 십만 원이 될 수 있는 것이다. 그렇게 되기 위해서는 일단 시작하고 보는 게 맞다.

가정과 학교라는 테두리를 넘어 밖으로 나가는 순간, 세상은 완전히 달라진다. 텔레비전이나 인터넷으로 보던 세상과 달리 직접적으로 맞닥뜨리는 세상은 훨씬 더 낯설고 어렵다. 부모님과 선생님의 지도 아래 있는 학생 때와는 천양지차다. 우리는 대학에 입학하며 억압적이던 고등학교에서 벗어나 자유를 얻고 그에 따른 책임이 따른다고 말한다. 하지만 그 책임감은 사회에서와 비교할 바가 아니다. 대학을 졸업하고 사회에 첫발을 내딛는 순간, 치열하게 생존을 이어가야 하는 정글이 기다리고 있다.

그런 점에서 아르바이트는 학생의 신분을 유지하면서 조금씩 사회생활에 적응해나갈 수 있는 좋은 경험이자 기회가 아닐까. 열정페이를 지불하는 것이 부당하다고 여길 수도 있겠지만, 생각을 바꾸면 같은 상황도 달리 볼 수 있다. 아르바이트를 하는 것은 돈을 받으면서 인생을 배우고, 나를 알 수 있는 귀중한 시간이기도 하다. 그리고 그 속에 기회가 숨어 있을 수도 있다. 아무것도 하지 않으면 돈을 벌 수도 없고, 기회 자체에 손이 닿지 않는다.

2015년을 기준으로 최저 임금은 5,580원이다. 하루 여덟 시간씩, 이십 일을 일하면 88만 원쯤 된다. 아마 아르바이트생은 이것조차 제대로 받지 못하는 일이 허다할 것이다. 80만 원 남짓한 돈에 얽매여 내 열정과 자유를 낭비한다고 생각한다면 한없이 억울할 것이다. 그러나 내 적성을 알아보기 위한 귀중한 경험이라고 생각한다면 못할 것도 없다.

열정페이라는 말로 그럴싸하게 포장해서 노동력을 착취한다는 논란을 부정하는 것은 아니지만, 내 미래를 향해 가기 위해서는 징검다리도 필요한 법이다. 미끄러지면 바로 서는 법도 배우면서, 물에 빠지지 않는 법도 배우면서, 기다리는 법도 배우면서, 그렇게 한 발 한 발 성장하고 나아가는 것이다.

인생도
수학처럼

"엄마, 아나운서들 다 시집 잘 가잖아요."

오래전부터 방송국 입사 시험을 두고 '언론고시'라고 불렀다. 지금은 케이블 TV를 비롯해 다양한 채널이 있지만, 내가 대학을 졸업할 당시에 방송사라고는 KBS, MBC 단 두 곳뿐이었다(SBS는 1990년 설립해 1991년 방송을 시작했다. 개국 당시에도 SBS의 가시청 범위는 서울을 비롯한 수도권과 강원, 충청 일부 지역이었다). 하늘의 별따기보다 더 어렵다는 방송국 입사라니. 어디서 그런 용기가 생겼는지는 나도 모르겠다. 아마도 일하는 여성이 되겠다는 나의 꿈이 나의 가장 든든한 지원자였을 것이다.

'스물두 번의 아나운서 시험 불합격!'

유난희를 소개하는 기사에 꼭 따라붙는 수식어다. 매번 기쁜 마음으로 아나운서 시험에 도전했던 것은 아니다. 불안하고, 포기하고 싶었던 적도 많았다. 특히 해결할 수 없을 것 같은 난관에 부닥쳤을 때는 더욱 그랬다. 제일 처음 맞닥뜨린 난관은 가정학이라는 내 전공이었다.

대학에 들어가고 진로를 아나운서로 정한 뒤 알아본 바로 아나운서는 어문 계열이나 신문방송학 전공자가 대부분이었다. 물론 아나운서 시험에 지원하는 데 전공 제한이 있었던 것은 아니지만, 내가 알아본 선에서 가정학을 전공한 아나운서는 한 명도 없었다. 가정학을 전공한 사람들은 대부분 가정학 교사, 대학 교수 아니면 소비자 보호단체 쪽으로 진로를 정했다. 그리고 실제로는 졸업하고 결혼해서 가정을 꾸리는 사람이 더 많았다.

아버지의 뜻대로 가정대학에 진학했던 나는 좌절할 수밖에 없었다. 내가 꿈꾸는 직업이 있으면 현직에서 일하는 사람과 연결고리를 찾으려고 하는 것이 보통 사람의 심리다. 공감할 수 있는 공통의 연결고리는 문제를 해결해줄 실타래가 되어 작은 희망으로 작용하기 때문이다. 가정학을 전공한 아나운서가 한 명도 없었던 사실이 별것 아닌 일이라고 치부할 수도 있지만, 어린 마음의 나에게는 상당한 충격이었다.

정말 아버지가 바라는 대로 가정대를 졸업해 가정에 안주하는 것이 맞을까? 그러나 나는 곧 생각을 바꿨다. 그렇게 살고 싶지 않았다. 대학을 졸업하고 곧장 결혼할 거라면 굳이 비싼 등록금을 내고 대학에 갈 필요가 있을까 하는 생각도 들었다. 물론 대학을 졸업하고 모두 일을 해야 한다는 논리는 아니지만, 적어도 나는 평생 일하면서 살고 싶었다. 그 일이 꼭 아나운서가 아니어도 말이다.

단지 나와 같은 전공 출신의 아나운서가 없다고 해서 포기할 일이 아니었다. 아무도 가지 못한 길이라면 내가 먼저 가는 즐거움과 설렘도 있다고 믿었다. 전문 기술을 배워야 하는 일이 아니라면 굳이 전공을 바꿀 필요가 없다고 판단했고, 그렇다면 아나운서 시험을 볼 때 조금 더 유리한 학과를 부전공으로 선택해 공부하기로 했다.

지금은 복수 전공을 많이 하지만, 당시에는 복수 전공이라는 것 자체가 아예 없었다. 부전공 제도라는 것이 있기는 했지만, 사회에서 거의 인정해주지 않는 분위기였다. 따라서 부전공을 선택하는 사람도, 강의를 듣는 사람도 거의 없었다. 아버지는 당연히 내가 교사 자격증 취득을 위한 수업을 듣고 있을 거라고 생각하셨지만, 나는 아버지에게 비밀로 하고 교사 자격증을 포기하고 과감하게 부전공으로 영문학을 선택했다. 그리고 대학 수업의 절반을 영문학과에서 보냈다.

"엄마, 나 음대 보내려고 한 게 여자가 직업을 가지고 있으면 좋겠다는 것도 있지만, 시집 잘 가길 바라셔서 아니었어요? 아나운서들이 시집을 잘 간대. 나랑 같은 과 선배 친언니도 아나운서인데 시집 잘 갔더라고요."
"하긴 아나운서들 시집은 잘 가더라."
"그래서 말인데요, 저 방송 아카데미 수강료 좀 내주세요. 30만 원."

혼자 준비하는 데에는 한계가 있었다. 모르는 것이 너무 많았다. 그러다 여의도에 소재한 한국방송예술원을 발견했다. 이곳은 아나운서뿐만 아니라 리포터, 성우, 연기자를 교육하고 양성해서 배출하는 방송 아카데미였다. 어두운 망망대해를 헤매다 저 멀리 한줄기 불빛 등대를 발견한 기분이었다. 문제는 수강료였다. 대학 한 학기 등록금에 육박하는 수강료였다. 학생 입장에서 당장 구할 수 있는 금액이 아니었다. 어머니에게 말을 꺼내기까지 이틀을 고민했다. 자존심과 자존감이 강한 나였기에, 대학에 들어가고 나서부터 부모님께 손을 안 벌리겠다고 다짐했던 나였기에, 돈 얘기를 꺼내는 것은 죽기보다 싫었다. 하지만 방법이 없었다. 결국 어머니의 가장 마음 약한 부분을 건드렸다. 딸이 시집 잘 가는 직업을 가지겠다는데 어떤 어머니가 반대하겠는가.

그렇게 나는 어머니를 설득했다. 다행히 어머니는 내 설득에 넘어가주셨다. 아버지에게 비밀로 하고 말이다. 어머니는 일이든 결혼이든 결국 내 딸이 행복하길 바라셨던 거다.

나는 그렇게 하나씩 길을 뚫어나갔다. 물론 방송 아카데미를 다닌다고 해서 아나운서 합격을 보장받는 것은 아니었지만, 내가 할 수 있는 최선의 방법이었다.

주변에 나를 끼워 맞추려고 하면 내가 너무 힘들다. 삶이 고되다. 내 삶이 아닌 다른 삶을 사는 것처럼 느껴진다. 어려움이 닥치는 순간 포기하게 된다. 그대로 끝이 난다. 하지만 세상이 제시하는 답이 아니라 내게 맞는 답을 찾으면 그게 정답이 된다.

$1+3=\square$
$1+\square=4$
$\square+\square=4$

어른인 우리가 보면 너무 너무 쉽다. 하지만 처음 저 덧셈을 접하는 아이들에게 빈칸 속 숫자를 찾는 일은 어른인 우리가 목표를 향해 달려가는 것 이상으로 힘난하고 어려울지도 모르겠다.

예전과 다르게 요즘 초등학교 수학은 한 가지 풀이 방법만을 제시하지는 않는다. 여러 가지로 풀 수 있는 '수학적 사고'를 가르친다. 삶도 마찬가지 아닐까. 분명 문제를 해결할 열쇠는 있을 것이다. 그걸 발견하지 못할 뿐이다. 해답이 없다면 내가 만들어내면 된다. 그게 삶이라고 생각하면 사는 게 쉬워지고, 재미있어진다. 그런데 많은 사람이 사회의 틀에 자신을 억지로 끼워 맞추려고 한다. 그래서 힘들어지는 것이다.

처음 39쇼핑(CJ오쇼핑 전신)에 취직해 희망 연봉을 써낼 때의 일이다. 당시 대기업 초봉이 2천만 원이 조금 넘었다. 다른 합격자들은 1천 8백만 원에서 2천만 원을 썼다. 그게 현실에서 상식적으로 생각할 수 있는 기준이었다. 하지만 나는 1억 원을 썼다. 그것이 내 기준에 맞춘 해답이었다. 취직 전 케이블TV 다솜방송(당시 교육 채널)에서 프리랜서 리포터를 하며 30분 프로그램에 25만 원을 받았다. 홈쇼핑 방송은 1시간 생방송, 일주일에 6개 프로그램을 진행해야 했다. 별도의 작가도 없어서 내가 작가 몫도 해야 했다.

500,000원×6개 프로그램=일주일 3,000,000원

3,000,000원×4주=12,000,000원

12,000,000원×12개월=144,000,000원

144,000,000원+알파(작가 비용+에어, 메이그업)=?

계산을 하고 보니 1억 원이 좀 많은 것도 같았다. 하지만 나는 당당하게 하얀 종이에 '1억 원'이라고 썼다. 나중에 안 사실이지만, 당시 39쇼핑 사장의 연봉이 6천 5백만 원이었고, 전무가 4천만 원, 초봉이 1천 8백만 원이었다고 한다. 그걸 보고 회사에서는 미쳤다고 욕을 하거나 세상물정 모르는 순진한 사람이라고 비웃었을지도 모르겠다. 황당하다고 생각해 떨어트렸을 수도 있지만, 입사 실기시험에서 높은 평가를 받고 일등으로 입사한 나는 회사의 배려(?)로 다른 사람보다 1천만 원가량 높은 연봉인 3천만 원으로 계약할 수 있었다.

인생에 정답은 없다. 그저 내 방식으로 풀어나가는 것이다. 조금 늦더라도 안달복달하기보다 더 열심히 그리고 차근차근 인생이라는 문제를 풀어보자. 기다리지 못하는 것은 시간이 아니라 나의 조급함 때문이므로. 조금은 천천히, 그러나 꾸준하게 나만의 길을 만들어나가면 된다. 그렇게 빈칸을 채워 넣을 것. 그 해답이 바로 나 자신이 될 테니 말이다.

가족을 트레이닝하는 여자

아프리카? 바로 갈 수 있어? 언제 또 아프리카 갈 일이 있겠어. 잘 다녀와._ 남편
가는 거 추천!_ 큰아들
대박! 멋져!_작은 아들

내겐 자주 모임을 가지는 멤버들이 있다. 그중 PD 한 명은 내가 쓴 〈여자가 사랑하는 명품〉를 읽고 자극을 받아 휴직하고 일년 반 정도 세계를 여행했다. 얼마 전 멤버들과 3박 4일간 싱가포르로 여행을 다녀온 적이 있는데, 이 PD가 우리가 여행 중이라는

사실을 알고 30시간을 날아 싱가포르로 왔다. 겨우 하루, 우리를 보기 위해 태평양을 건너온 것이다.

"너, 미쳤구나. 겨우 48시간 머물다 갈 건데 30시간이나 비행기를 타고 여기로 날아오니?"

"남 얘기 하지 마세요. 언니가 여행은 젊었을 때 빚을 내서라도 떠나라고 했잖아요. 그래서 떠났는데, 나보고 미쳤다니요."

그녀는 웃으면서 그렇게 이야기했다. 너무 부러워서 다음 행선지가 어딘지 물었다.

"어디로 갈 거야?"

"아프리카요."

"정말? 부럽네. 나도 가고 싶다."

"그래요? 언니, 같이 가요."

딱 하루 동안 고민했다. 스케줄을 확인했더니 세 개 정도는 날려야 했다. 다음 날 아침, 식사를 하러 내려가서 폭탄선언을 했다.

"가자! 나 갈래. 케냐에 들어가려면 어떻게 해야 하는지, 비자 좀 알아봐줘."

같이 여행을 갔던 사람들이 깜짝 놀라서 물었다.

"정말?"

하물며 같이 여행하던 초등학교 4학년, 중학교 2학년 아이들도 "이모, 정말 아프리카 가실 거예요?"라며 놀라워 했다. 아이들이 보기에도 내가 너무 즉흥적으로 보였던 모양이었다. 우리는 급하게 비자를 알아보고, 황열병 주사를 맞을 수 있는 곳을 찾았다. 그리고 나는 가족 단톡방에 메시지를 날렸다.

'나 오늘 아프리카 갈 거야.'

이구동성, 남편과 아들들의 반응은 쿨했다.

'잘 다녀와.'

주변에서 보면 이해가 안 되는 가족일 수도 있다. 그러나 가족들도 이제 이런 내게 단련이 되었다. 평범하게 살던 누군가가 어느 날 갑자기 가정과 일을 접고 혼자서 아프리카로 떠나겠다고 하면 가족을 이해시키기 위해 진땀을 흘려야 할 것이다. 비록 열흘이라는 짧은 기간이라고 할지라도 말이다. 하지만 우리 가족은 이런 내 스타일에 익숙해졌고, 충분히 이해해주고 공감해준다.

결혼과 함께 쇼호스트 일을 시작했을 때 남편도 시어머니도 반대가 무척 심했다. 결혼 전 잠시 남편과 헤어진 적이 있었다. 시어머님은 딸 넷에 아들 하나를 뒀는데, 자고로 여자는 남편 뒷바라지하고 아들 낳아 잘 키우는 게 최고라는 생각을 가진 분이었다. 당연히 의사인 외동아들은 내조를 열심히 할 여자와 결혼해야 했다. 일하는 며느리는 필요하지 않았다. 그래서 내가 리포터를 그만둔다고 생각해 결혼을 승낙한 거였는데, 결혼하자마자 홈쇼핑에 입사를 한 것이었다.

당시에는 쇼호스트가 무척 생소한 직업이었기 때문에 공부를 많이 해야 했다. 방송이기에 화장도 일반인과 다르게 짙었고, 새벽 세네 시에 나가는 일도 허다했다. 자정을 넘어서 집에 들어가는 일도 많았다. 일하는 것도 못마땅한데, 차림새부터 마음에 들지 않았을 것이다. 게다가 시어머니 밥상은 물론 남편 밥상도 제대로 차리지 못하는 날이 늘어갔다. 이런 며느리를 시어머니가 마음에 들어 할 리 없었다. 게다가 월급 의사이긴 하지만, 남들이 보기에 남편 직업도 번듯했다. 내가 무리하게 일을 할 이유가 없었다.

쌍둥이를 낳고 얼마 지나지 않아서였다. 남편 역시 병원 일에, 육아에 정신을 못 차릴 때였다. 보다 못한 시어머니가 남편을 본가로 호출하셨다. 결국 나 혼자 쌍둥이를 돌봐야 했다. 정신력 하나로 버티던 때였다. 남편과의 사이도 힘들었다. 남편도 없이 나 혼자서 어떻게 일과 육아를 병행했는지, 지금도 신기하다. 그러나 결코 무너지지 않으리라 다짐했던 나는 한 달 만에 백기 투항을 하고 말았다. 일을 그만두는 것이 아니라 이혼하는 쪽으로 말이다.

"애 데려가. 강 씨잖아. 유 씨 아니잖아."

나는 울면서 전화했다. 일은 내게 공기와 같았다. 일을 해야 숨이 쉬어졌고, 일 속에서 자유로웠으며, 일 속에서 평온을 찾았고,

무엇보다 일이 즐거웠다. '나는 좋은 아내, 좋은 엄마, 좋은 며느리가 되지는 못하는 걸까'라는 자괴감도 들었지만, 도저히 일을 포기할 수가 없었다.

다행히 그날 남편은 한 달 반 만에 집으로 돌아왔다. 그리고 나는 정신을 똑바로 차렸다. 내 일을 이해받기 위해서 일에 미쳐 있는 시간 이외에는 가족에게 온 힘을 쏟았다. 성격상 한번 한다면 똑 부러지게 일을 처리하는 나였다. 가정에서도 마찬가지였다. 남편과 같이 외식하고, 쇼핑하고, 대화를 나누며 살갑게 지내려 노력했다.

시어머니와도 딸처럼 가깝게 지내려고 최선을 다했다. 남편과 둘만의 깨소금 쏟아지는 신혼생활은 애초에 꿈도 꾸지 않았다. 영화를 보러 갈 때도 홀어머니인 시어머니를 모시고 갔다. 일과 가정 모두에 충실한 내 모습에 결국 시어머니도 내가 하는 일을 인정하실 수밖에 없었다.

아이들과도 정말 많은 여행을 다녔다. 계절마다 현장학습 체험서를 내기도 하고, 혼자 가는 출장에는 아이들을 데려가기도 했다. 바쁘고 힘들 땐 쉬고 싶기도 했지만, 침대를 찾는 대신 여행 가방을 꾸렸다. 그렇기 때문에 아이들도 여행할 때의 행복을 충분히 알고 있다. 그 행복을 알기에 내게 떠날 수 있는 자유를 선사한다. "나 내일 아프리카 가서 덩분간 집에 못 들어가." 이렇게 말해도 "그럼요, 엄마. 당연히 다녀오셔야죠"라고 말이다.

만약 내가 가정에 충실하지 않고, 온전히 내게만 신경을 썼다면 어땠을까? 시댁에서는 내쳐졌을 것이고, 남편에게는 소박을 당했을 것이고, 아이들에게는 외면당했을 것이다. 내게 가장 가까운 사람들에게 이해받지 못한다면 그 또한 즐거운 인생은 아닐 것이다.

결국 아프리카 여행은 해프닝으로 일단락되었다. 싱가포르와 아프리카의 시간대가 맞지 않아 비자를 받는 데 시간이 촉박했기 때문이다. 후배는 혼자 아프리카행 비행기에 몸을 실어야 했고, 나는 여행 멤버들과 서울행 비행기에 몸을 실었다. 하지만 나를 이해해주는 가족이 있다는 것에 감사함과 소중함을 느낄 수 있었다. 그리고 나는 앞으로도 이렇게 내 가족과 함께 즐기는 삶, 행복한 삶을 나누고 싶다. 물론 이십 년이라는 시간을 투자하고 가족을 트레이닝해야 했지만 말이다.

그러나 이 또한 나와 가족이 함께 만들어가는 시간이다. 그러므로 누군가 나를 이해해주지 않는다고 불만을 토로하기 전에, 내 행동이 그들에게 이해받을 수 있는지 꾸준하게 고민할 필요가 있다.

어느 날 갑자기 "도대체 내가 왜 이렇게 살아야 하는 거야", "내가 널 위해 어떤 희생을 치렀는데 나에겐 아무것도 돌아오는 게 없어", "왜 도대체 날 이해하지 못하는 거야"라고 소리 지르기 전에 내가 가족들에게 이해받기 위해 지금 이 순간을 충실하게 살고 있는지 돌아볼 일이다. 그리고 그런 내 모습을 가족들이 충분히 이해하고 있는지도 점검해볼 일이다. 이십 년이라는 시간 투자가 아까운 것이 아니라 앞으로 삼십 년, 혹은 그 이상의 시간을 더 행복하게 살기 위해서 말이다.

인정하면 쉬워진다

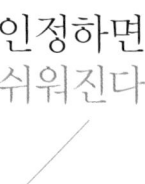

"사장님, 이거 지난번 상품보다 가방이 좀 작은데요?"
"아닙니다. 똑같아요."
"아니에요. 정말 작아요. 혹시 가방 사이즈 줄이신 거 아니에요?"
"아닙니다. 진짜 아니에요. 왜 의심하고 그러세요."
"자자, 뭘 그래요. 재보면 되죠."

MD가 뛰어가더니 줄자를 가지고 왔다. 그리고 가방 크기를 쟀다. 원래 사이즈인 30센티미터보다 0.5센티미터 줄어든 것을 확인했다. 한창 잘나가던 가방이었다. 홈쇼핑에서 몇 번 방송을 했는데 방송할 때마다 몇 천개씩 판매되던 아이템이었다. 그러다 보니 가죽을 아끼기 위해 가방 사이즈를 줄인 것이다. 몇 개라면 차이가 없지만, 몇 만 개가 되면 무시할 수 없는 금액이 된다. 절대 알 수 없을 거라고 생각해서 오리발을 내밀던 업체 사장은 결국 인정할 수밖에 없었다.

"이거 다음에 들어갈 물건인데 어때요?"
"아, 예쁘네요."
방송에 들어가기 일주일 전 MD는 다음에 방송할 물건을 보여준다. 그리고 일주일 뒤 본방송에 들어가기 전 상품을 가지고 왔을 때였다.
"어머? 이거 지난번에 각이 이렇지 않았는데요? 네모였는데, 둥글게 처리되어 있네요."
"어떻게 아셨어요? 아주 살짝만 라운드를 넣은 건데……. 아무도 몰라요."
겨우 5밀리미터 차이였다. 가방의 네모 각이 동그라미가 된 것이 아니다. 끝이 아주 미세하게 둥글려져 있었을 뿐이다. 나는 그걸 찾아낸다. 그러면 사람들은 깜짝 놀라며, 내 눈썰미가 뛰어나다고 한다. 하지만 나는 눈썰미가 좋다기보다 일에 대한 집중력이 뛰어난 것이라고 생각한다.
어릴 때부터 그랬다. 공부를 꾸준히 했기만, 벼락치기에도 능했다. 해야 하는 일에 대해서는 무섭게 집중하고 파고드는 스타일이다. 남편도 백화점이나 마트 같은 곳에 같이 가면 "네 눈에는 별것이 다 보인다"라는 말을 자주 한다.

하지만 일에는 '초'집중하는 나는 관심사 외의 다른 일에는 소위 말하는 '허당'이다. 잘 모르고, 관심도 없다. 나는 내가 관심을 둬야 하는 일 외에는 정말 무심한 편이다. 개인적인 관심사, 사회적인 관심사, 국가적 이슈처럼 내가 알아야 하고 관심을 가져야 할 사안에 대해서는 주의를 집중하지만, 그게 아니라 시시콜콜 다른 사람의 개인사에는 관심이 없다. 일과 관련된 업체 사람은 기억하지만, 일과 관계없는 사람은 그룹 회장이라고 해도 금세 잊어버린다. 네 번, 다섯 번 만나도 얼굴을 잘 기억하지 못한다. 그래서 종종 오해를 받기도 하지만, 다른 사람에 대한 관심을 두지도, 두고 싶지도 않다.

옆집 아들이 서울대를 가든, 상을 받든, 앞집 남편이 승진해서 회사의 이사가 되었든, 사장이 되었든 그런 일들은 내 인생에 아무런 영향을 미치지 못한다. 옆집 아이 상 받는 게 왜 중요한가. 나에겐 우리 아이가 오늘 무얼 하고 지냈는지가 더 중요하다. 앞집 아이가 서울대에 들어간 게 왜 부럽고 배 아픈 일이란 말인가. 일류대에 들어간 옆집 아이가 부러워 공부에 관심 없는 내 자식을 채근해 대학에 보낼 일이 아니다. 차라리 나는 공부는 하고 싶지만 돈이 없어서 대학을 못 가는 형편이 어려운 학생이 있다면, 그 학생을 도와주고 싶다.

사람들이 행복하지 못한 이유가 남들과 나를 비교하기 때문이라고 한다. 전적으로 동감이다. 많은 사람이 주변 시선으로부터 자유롭지 못하다. 하지만 비교하기 시작하면 끝이 없다. 연봉이 3천만 원인 사람은 연봉 1억을 받는 사람을 부러워한다. 그렇다고 연봉이 1억인 사람은 만족할까? 더 높은 연봉을 바라보게 된다. 과연 행복한 인생일까? 이처럼 비교란 결국 나의 부족한 점과 남의 넘치는 점을, 나의 단점과 타인의 장점을 끊임없이 생각하는, 절대 이길 수 없는 게임이다.

한번은 이런 일이 있었다. 여름에 아이들을 데리고 호텔 수영장에 갔다. 여름이라 사람이 적지는 않았지만, 시끄럽지 않고 비교적 쾌적했다. 옆 비치베드에 딸과 함께 놀러온 가족이 있었는데, 어머니로 보이는 분이 이런 말을 했다.

"아이고, 저 사람들은 이런 데도 놀러오고 참 좋겠네."

깜짝 놀랐다. 분명 본인도 수영장에 와 있지 않은가. 그런데 그런 자신의 모습은 보지 않고, 다른 사람만 눈에 들어오는 것 같았다. 자신은 돌아보지 않고 옆에 있는 사람만 보게 되는 것이다.

결국 비교란 내가 불행해지는 원흉이 될 뿐이다. 인생의 축은 '너'가 아니라 '나'라는 기준으로 세워져야 하는 것이 아닐까. 나라면, 나라서, 나이기 때문에가 중요한 것이다. 모르는 사람은 말할 것도 없고, 옆집 사람도, 앞집 사람도, 친구도, 하물며 가족과도 비교하면 불행할 수밖에 없다.

남들이 어떻게 살든 내가 행복하다면, 내가 즐겁다면, 내가 좋아한다면 그것이 죄를 짓거나 남을 해치는 일이 아닌 이상 충분히 즐기고 만족하며 살 수 있다고 믿는다. 물론 방송을 통해 얼굴이 알려진 나부터도 타인의 시선을 완전히 의식하지 않을 수는 없다. 하지만 남을 의식하지 않으려고 노력한다.

"유난희는 미쳤나봐."
"맞아, 일에 미쳤어. 왜? 그게 나빠? 너도 한번 미쳐봐."

"명품 쇼호스트잖아. 그런데 동대문 옷을 사서 입네. 이상해."
"동대문 옷이 어때서? 예쁘면 그만이지."

"옆집 며느리는 아침마다 문안 인사를 한다던데 넌 왜 안 그러니?"
"제가 바빠서 잊어버릴 때도 있어요. 그럴 땐 어머니가 이해해 주세요. 마음은 안 그런 거 아시잖아요."

"왜 그렇게 돈을 밝혀? 속물 같아."
"나 돈 좋아하는 거 맞아. 그게 어때서? 돈 싫어하는 사람도 있어? 돈 필요 없는 사람도 있어?"

비교를 멈추고 스스로를 인정하면 많은 것에서 자유로워진다. 인생이 쉬워진다. 마음이 편해진다. 그리고 남을 덜 의식하게 된다. 삶이란, 가족이란 내게 주어진 귀중하고 소중한 선물이다. 남과 비교하느라, 눈치 보느라 지치고 힘들어 하며 시간을 낭비하기보다 서로 아끼고 사랑하고 위하는 시간을 보낸다면 우리는 지금보다 훨씬 행복해질 수 있을 것이다. 그리고 나는 지금 충분히 행복하다.

세상의 잣대,
나의 기준

"오늘 수능이었지? 아이들 시험 잘 봤어?"
"우리 애들 수능 안 봤어."
"수시 합격했구나. 축하해. 어느 대학?"
"아니, 대학 안 간다고. 수능 안 봤어."

모두가 이렇게 물어본다. 지난해 우리 아이들은 고3이었다. 둘 다 수능을 치지 않았다. 둘째는 그림을 그리겠다고 하다가 지금은 음악을 하겠다며 음대를 알아보고 있다. 절대 음감을 가지고 있어서 어릴 때부터 곧잘 작곡을 하던 둘째는 국내에는 마음에 드는 학교가 없다며 다른 방법을 찾고 있다.

의사가 되겠다던 큰아이는 고2 때 갑자기 공부가 하기 싫다며 공부를 그만두었다. 상위권 성적을 유지하던 아이였다. 알겠다고 했다. 하고 싶은 일을 찾아보라고 했다. 큰아이는 지금도 자신의 적성을 찾기 위해 고군분투 중이다.

공부밖에 모르던 아이가 갑자기 공부를 그만두자 성적이 확 떨어졌다. 학교에서는 난리가 났다. 당연히 내게도 연락이 왔다. 상담을 하자고 했다.

"그래도 아버님이 의사고 어머님이 유명한 쇼호스트인데, 아이들을 대학에 보내는 것이 맞지 않겠습니까? 다시 한 번 생각해 보시죠."

선생님은 우리 가족을 다른 사람의 잣대에 끼워 맞추려고 했다. 공부 잘하는 아이를 부모가 잘못 길을 인도해 인생을 망칠 수도 있다는 말을 들었다. 하지만 수능이 있던 날 아침, 우리는 마침 그날 개봉하는 영화 〈인터스텔라〉를 보러 갔다.

사람들은 대학에 들어가지 않으면 세상이 무너질 것처럼 불안해한다. 부모는 물론, 아이들도 하늘이 두 쪽이 날 것이라 생각한다. 이런 세상에서 나의 두 아들은 모두 수능을 보지 않았다. 수능을 보지 않는다고 둘 다 얼마나 기뻐했는지 모른다. 물론 아이들이 고민하지 않았던 것은 아니다. 둘째는 일찌감치 수능을 포기했지만, 큰아이는 꽤 오랫동안 갈팡질팡했다. 하지만 결단을 내리고 난 후 두 아이들은 수능 날 가뿐한 마음으로 나와 함께 영화를 보고 쇼핑을 했다. 그리고 오후에는 수능을 보느라 고생한 친구들을 위로하러 갔다. 집으로 돌아온 아이들은 수능을 본 친구 중 자살하고 싶다는 아이가 있어 너무 불쌍하다고 했다. 그깟 시험 한 번 잘못 봤다고 자살하고 싶다는 게 말이 되는가? 하지만 그게 우리나라의 참담한 현실이다. 세상에는 더 힘들고, 어려운 일이 많이 기다리고 있을 텐데, 목표가 잘못되어도 한참 잘못된 것은 아닌지, 안타깝기 그지없었다.

나는 아이가 행복하게 삶을 살 수 있도록 길을 제시해주는 것이 부모의 역할이라고 생각한다. 아이들을 과학이나 피아노 학원에는 보냈지만, 수능 공부를 위한 학원은 보낸 적이 없다. 물론 공부를 하면 어떤 점이 좋은지는 이야기한다. 그러나 공부를 꼭 잘해야 할 필요는 없다고 말한다. 학교에서는 기본적으로 배워야 할 윤리나 예의범절처럼 살아가면서 필요한 기본 지식을 얻기 때문에 공부가 필요하지만, 직업적으로 필요하지 않다면 굳이 미적분은 몰라도 된다고 말한다.

1등에 목매지 말라고 말해준다. 꼭 서울대를 가야만 하는 것은 아니지만, 본인이 원해서 서울대를 가고 싶으면 최선을 다하라고 말한다. 대학에 가지 않더라도 대신 책은 읽으라고 항상 권한다. 살아가는 동안 책은 꼭 필요하고 인간의 도리, 예의범절, 인간에 대한 탐구, 철학은 필요하니까 말이다.

물론 나와 우리 아이들이 대학을 포기한 것은 아니다. 대학은 내년에도, 내후년에도, 필요하다면 서른에도 갈 수 있다. 그보다 먼저 선행되어야 하는 것은 진정 자신이 어떤 일을 하면서 즐거울 수 있는가를 찾는 것이라고 나는 믿는다.

어쩌면 부모가 유복하니 자식을 그렇게 키울 수 있다고, 배부른 소리라고 할지도 모르겠다. 그러나 돈 많은 부잣집 자식들도 대학에 들어가기 위해 서너 시간 잠자며 공부하는 세상이다. SKY에 들어간 친구 자녀들이 많다. 하지만 나는 그들을 부러워한 적이 없다. 아이들에게 짜증 낸 적도 없다. 돈과는 상관없는 나의 가치관이다. 내가 주변과 비교한다면 결코 할 수 없는 일일 것이다.

세상이 제시하는 해답은 고3은 공부하고, 수능을 보고, 대학을 가야 한다. 하지만 이것은 나의 해답이 아니다. 정답은 더더군다나 아니다. 사람들은 세상의 기준을 정답으로 착각한다.

지금은 '십 년이면 강산이 변한다'라는 말이 적용되지 않는 시대다. 자고 깨어나면 변해 있다. 이런 세상에서 대학에 가야 성공할 수 있던 과거를 기준으로 미래의 성공을 예측한다는 것 자체부터가 아이러니다. 나는 아이들의 현재의 변화에 더 민감하고 빨리 반응한다. 부모는 그런 아이들이 길을 잃지 않고 나아갈 수 있도록 마음의 지지자가 되어줄 수 있어야 한다고 생각한다.

지금 우리 아이들은 주변 사람들의 눈에 노는 것으로 보일지도 모른다. 하지만 나는 인생의 길을 찾는 중이라고 믿는다. 그래서 사람들이 대학은 어떻게 하냐고 물을 때 나는 당당하게 "우리 아이들은 대학에 안 갔어요"라고 대답할 수 있다. 아이들은 나름대로 고민한다. 앞으로 무엇을 해야 할지, 어떻게 인생을 살아야 할지 부모보다 훨씬 더 많이 생각한다.

나는 내가 포기하지 않고 끝까지 내 꿈을 좇아 달린 것이 다행이라고 생각한다. 그 끝에 나의 천직인 쇼호스트가 기다리고 있어서 정말 행운이라고 생각한다. 우리 아이들도 다른 사람과 똑같은 길을 가지 않길 바란다. 그들만의 꿈을 좇아가길 바란다. 그래서 평생 즐겁게 일할 수 있는 직업을 찾길 바란다. 그리고 무엇보다 행복하길 바란다. 난관에 부닥쳐 잠깐 주저앉을 수는 있겠지만, 그때마다 벌떡 일어나 꿈을 기억하고 다시 달려 나가길 바란다. 그 옆에서 나는 아이들에게 "그런 때도 있는 거야, 괜찮아"라고 위로하고 토닥여주는 역할을 하고 싶다.

물론 내 생각만 옳다고 주장하지는 않는다. 세상에는 수많은 사람이 있고, 저마다 생각하는 가치의 기준이 다르기 때문이다. 그러나 내 생각에 동조하는 사람이 많아질수록 어쩌면 세상이 조금은 더 행복해지고 즐거워질 수 있지 않을까. 좀 더 여유 있고 좀 더 자유로워지지 않을까.

돈은
돈다

사람들이 나에게 가장 큰 관심을 가지는 부분은 내가 연봉 1억을 받았다는 사실이다. 시어머니도 내가 무엇을 하는지 잘 모르고, 이해하지도 못하시다가 신문에 '억대 연봉 최초'라는 기사가 나오니 그때부터 내 능력을 인정해주셨다.

쇼호스트는 매출에 울고 매출에 웃는 직업이다. 겉으로는 화려해 보일지 모르지만, 압박감이 상당하다. 내가 파는 물건을 다른 쇼호스트도 판다. 내가 1억 원의 매출을 올렸는데, 다른 쇼호스트가 1억 5천만 원의 매출을 올렸다면 당연히 스트레스다. 자존심의 문제다. 물론 프로모션으로 가격이 더 낮을 수도 있고, 시간이나 촬영 세팅, 사은품, 시즌 등 매출을 좌우하는 변수는 많다.

따라서 나라고 해서 매번 최고 매출을 올리는 것은 아니다. 한 시간 동안 달랑 상품(고급 책상) 한 개를 판 경우도 있었다. 지금은 최고 매출에 연연하지 않지만, 여전히 스트레스가 심한 환경에서 일하는 것만은 분명하다.

돈, 정말 중요하다. 나도 돈을 좋아한다. 모든 면에서 나를 자유롭게 해주기 때문이다. 하지만 그렇다고 해서 돈에만 연연한 것은 아니다. 돈만 쫓는 인생을 살지 않았다. 39쇼핑에 입사하며 1억 원을 써넣었던 것은 단순한 내 계산법이었지, 내 능력이 탁월해 그만큼 받아야겠다고 생각한 것이 아니있나. 내겐 논보다 즐겁게 일할 수 있는 조건, 나를 자극하는 환경이 더 중요했다. 그러자 돈은 저절로 따라왔다.

39쇼핑을 3년 만에 그만두고 LG홈쇼핑(GS SHOP의 전신)으로 옮겨갔을 때도 그랬고, 2001년 우리홈쇼핑(롯데홈쇼핑의 전신) 쇼호스트 팀장으로 스카우트되면서도 그랬다. 39쇼핑에서 LG홈쇼핑으로 이직했을 당시 LG홈쇼핑에서 제안하는 연봉은 39쇼핑에서 받고 있던 연봉보다 적었다. LG홈쇼핑은 기본 급여가 낮다고 했다. 그것도 39쇼핑에서 내가 받는 연봉을 감안해서 가장 높게 책정한 것이라고 했다. 나는 연봉과 상관없이 변화가 필요했기 때문에 이직을 결심했다.

다행히 LG홈쇼핑에서는 배울 것이 많았다. 39쇼핑에서 쇼호스트로서의 기본 자질을 배웠다면, 규모가 큰 LG홈쇼핑에서는 전문적인 쇼호스트로서의 능력을 키워나갈 수 있었다. LG홈쇼핑에서 패션, 보석, 명품 등을 소개하는 5~6개 프로그램을 진행하며 하루 최고 10억 원 이상 매출을 올렸다.

그렇게 LG홈쇼핑에서 3년을 근무하다 4년차에 접어들었을 때 나는 다시 무언가 자극이 필요했다. 그래서 프리랜서를 선택했다. 직원과 달리 프리랜서는 잘못하면 바로 퇴출당하기 때문에 그 때문이라도 나 자신이 열심히 할 것이라고 생각했던 것이다. 하지만 회사에서는 프리랜서 계약을 용납하지 않았고, 네 달 동안 지루한 계약 줄다리기가 계속되었다.

그렇게 지쳐 있던 때 마침 우리홈쇼핑에서 스카우트 제의가 왔다. 당시 우리홈쇼핑은 중소기업이 투자해 설립된 회사였다. 인지도도 없었다. 주변에서는 모두 위험한 선택이라며 이직을 반대했다. 내게 스카우트 제의를 했던 이사도 '다윗과 골리앗'의 싸움이 될 것이라고 했다. 그 말이 내게 큰 자극이 되었다. 내게 나름대로 의미 있는 일이 될 수 있을 것이라고 판단한 것이다.

그때 우리홈쇼핑에서는 LG홈쇼핑보다 약간 높은 8천만 원 정도의 연봉을 제시했다. 하지만 나는 나를 스카우트한 이사에게 연봉을 일임했다. 이직을 결심한 후 연봉은 그리 중요한 것이 아니었기 때문이다. 그런데 연봉에 연연하지 않는 나의 모습에 이사가 감동을 받았던 것 같다. 오히려 우리홈쇼핑 측에서 유난희 정도의 실력이라면 고액의 연봉을 주어도 아깝지 않다며 연봉 1억3천만 원에 계약할 수 있도록 조정했다.

1분 매출 1억

연매출 3,500억

쇼호스트 최초 연봉 1억

2001년, 이 기사가 나간 이후 갑자기 모든 스포트라이트가 내게로 쏟아졌다. 연봉 1억을 받기까지 딱 6년이 걸렸다. 지난 십 년 동안의 모든 실패를 갑자기 보상받는 듯했다. 하지만 그 기사가 나가기 전 6년 동안 누구도 쇼호스트에 주목하지 않았다. 나는 돈에만 의미를 두지 않았지만, 세상의 시선은 돈에 맞춰 내게로 모아졌다.

세상은 이래서 참 재미있는 것 같다. 누구도 예측하지 못하던 결과였다. 다른 사람은 KBS, MBC 두 곳에 동시 합격할 때 방송 아카데미에서 리포트 기회조차 한 번 얻지 못했던 찌질하고 못난 오리 유난희가 화려하게 백조로 변신하는 순간이 온 것이다.

지금도 나는 돈을 많이 번다. 하지만 여전히 돈을 좇지는 않는다. 그보다는 내가 잘할 수 있는 일, 잘하고 싶은 일, 즐겁고 재미

있는 일을 찾아 헤맨다.

M브랜드의 머플러를 방송한 적이 있다. 나는 방송을 어떻게 해야 재미있을지 고민했다. 그러다 한 가지 아이디어를 냈다. 머플러로 스커트를 만든 것이다. 고등학교 때 배웠던 가사 실습을 떠올려 머플러 두 장을 이어 붙여 스커트를 만들어 입고 방송을 했다.

당시 M브랜드의 스커트는 약 백만 원 정도였고, 머플러 한 장 가격은 20만 원 정도였다. 그런데 그게 대박이 났다. 머플러 두 장 가격을 합쳐도 그 브랜드의 스커트 한 장 가격이 되지 않았다. 그런데 소비자들이 모두 머플러를 두세 장씩 산 것이다. 어떤 소비자는 자신은 77사이즈라며 머플러 세 장을 사기도 했다.

불법은 아니었지만, M브랜드의 컴플레인을 받았다. 머플러 두 장으로 스커트를 만들어 입는 아이디어로 방송은 성공적이었고 소비자들 호응도 좋았지만, 매장에서는 스커트 판매율이 저조되어 울상인 것이었다. 더 이상 방송에서 머플러를 만들어 입으라는 멘트를 할 수 없었다.

나는 머플러로 일자 스커트, 플레어 스커트, 랩스커트 세 가지를 만들어 입었다. 지금도 그때 만든 스커트를 간직하고 있다. 이런 아이디어로 내 옷을 직접 만들어 입고, 매출도 대박나고, 시청자와 소비자 모두 만족했던 이 방송은 내게 무척이나 즐거운 경험으로 남아 있다. 이렇게 일은 즐거워야 하고, 내가 즐거워야 돈도 따라오는 거라고 생각한다.

〈머니투데이〉 기사에서 〈공부 잘해봤자 월급쟁이, 부자의 돈 생각을 배워라〉라는 재미있는 글을 보았다. 총 아홉 가지 중 가장 공감 가는 글 두 가지를 덧붙여본다.

"부자는 돈이 가치를 덧붙이는 데서 창출된다는 사실을 안다. 부자는 돈을 끌어당기는 첫 번째 요소가 문제 해결력이란 사실을 안다. 문제를 해결하는 것은 다른 사람들의 인생에 가치를 더해주는 것이다. 다른 사람의 인생에 가치를 더해주면 그들은 기꺼이 당신에게 돈을 지불할 것이다."

"부자는 공식 교육보다 경험을 더 가치 있게 여긴다. 인생은 그 자체가 위대한 스승이다. 학교 공부는 사실 살아가는 데 필요한 것을 거의 가르쳐주지 못한다. 특히 학교 교육은 돈에 대해서는 거의 '젬병' 수준이다. 좋은 교육을 받은 사람 대부분이 대학 중퇴자나 별 볼일 없는 대학을 나온 사람들에게 고용돼 일하는 이유다. 부자가 자녀를 좋은 대학에 보내는 목적은 공부가 아니다. 네트워킹이다. 부자는 학교 교육보다 생활이 이뤄지는 현장에서 돈 버는 방법을 훨씬 더 많이 배울 수 있다는 사실을 안다."

인생은 자신과의 싸움이다. 그 안에서 돈에 휘둘리기란 정말 쉽다. 돈에 대한 유혹도 크다. 하지만 나는 "돈은 돈다"라는 말을 믿는다. 돈이 아니라 나의 비전, 일의 재미, 의미, 가치를 생각하면 돈은 저절로 따라온다고 믿는다. 조금은 내려놓고 세상을 바라보자. 그럼, 마음이 좀 더 편안해진다.

여자가 아니라
사람이다

예나 지금이나 여자에게 성공의 길은 멀고 험하다. 사회에는 보이지 않는 두꺼운 유리 천장이 여전히 강하게 여성을 가로막고 있다. 그러나 그렇다고 해서 깰 수 없는 것은 아니다. 아무리 두껍고 강해도 '유리' 천장이 아닌가. 그러나 이것을 깨는 여성이 많지 않다. 그것은 여자 스스로 틀에 갇혀 있기 때문이다. 깨지 못하기 때문이다.

여자에게는 '원초적인 죄의식'이라는 것이 있다. 여자이기 때문에 짊어지고 가야 하는 것이 너무 많다.

여자니까, 조신하게 굴어야 하고

여자니까, 너무 밖으로 나돌면 안 되고
여자니까, 마음을 곱게 써야 하고
여자니까, 가꿔야 하고
여자니까, 봐줘야 하고
딸이니까, 부모님을 보살펴야 하고
아내니까, 집안일을 도맡아야 하고
아내니까, 남편을 내조해야 하고
엄마니까, 아이를 돌봐야 하고
엄마니까, 인내해야 하고
여자니까,
여자니까,
여자니까……

여자는 '여자'라는 존재에서 오는 의무감, 책임감이 너무 많다. 물론 남자도 마찬가지다.

남자니까, 강해야 하고
남자니까, 울어서는 안 되고
남자니까, 할 수 있어야 하고
남자니까, 성공해야 하고

남자니까, 자존심을 굽혀서는 안 되고
아들이니까, 부모를 부양해야 하고
남편이니까, 아내를 보살펴야 하고
남편이니까, 아내에게 헌신해야 하고
아빠니까, 집을 지켜야 하고
아빠니까, 가족을 책임져야 하고
남자니까,
남자니까,
남자니까…….

나를 버리고 참고, 참고, 참다 결국 한계에 부닥치면 사람들은 소리친다.
"나도 사람이란 말이야!"
스스로가 '난 여잔데, 엄만데, 딸인데'를 따진다면 해야 할 일과 하지 말아야 할 일은 극명해진다. 그렇지만 '사람'이라면 허락되는 것들이 많다. 왜 그걸 많은 사람들이 처음부터 생각하지 않을까. 왜 여자는 남편이 집에 왔을 때 꼭 밥상을 차려내야 하고, 아이가 학교에서 돌아왔을 때 반드시 집에서 대기하고 있어야 할까? 왜 꼭 가장은 남자여야 할까? 능력 있는 사람이, 일을 즐기는 사람이, 더 잘할 수 있는 사람이 맡아서 하면 되지 않을까? 하지만 사람들은 기존의 틀에서 벗어나길 두려워하고, 어려워하고, 힘들어한다. 그러다 결국 극한에 몰렸을 때, 힘들어졌을 때 "나는 사람이야. 이해해줘!"라고 외친다.

만약 처음부터 자신이 사람임을 이야기했다면, 주변 사람들에게 계속 그 사실을 인식시킨다면 "그래, 맞아. 아내도, 엄마도, 딸도 사람이지. 그럴 자격이 있어. 그럴 권리가 있어"라고 인정받을 수 있을 텐데 말이다.

나에겐 나를 응원해주고 지지해주는, 늘 고마운 팬클럽이 있다. 회원들 대부분이 가정주부다. 가끔 팬미팅을 가지는데, 그때마다 아이를 친정이나 시댁에 맡기고 나오는 것을 미안해한다. 미안해하면서도 팬미팅에 와서 바깥공기를 쐬고, 사람들을 만나 이야기를 나누는 시간이 정말로 즐겁다고 한다.

만약 아이에게 미안해서, 혹은 가족에게 미안해서 팬미팅에 나오지 않았다면 어떤 일이 일어났을까? 분명 자신을 빼고 즐거운 시간을 보낼 사람들을 부러워했을 것이고, 외출하지 못한 데 대해 짜증이 났을 테고, 그런 상황에 처해 있는 자신의 입장에 화가 났을 것이다. 청소도 신경질적으로 할 테고, 설거지도 곱게 되지 않을 것이다. 그리고 나머지 분노는 고스란히 가족이나 주변 사람들에게 갈 수밖에 없다.

그럴 바에는 조금은 미안하더라도(미안해할 필요는 없다고 생각하지만), 잠시 밖에 나와 행복의 기운을 가득 받고 집으로 돌아간다면 온종일, 혹은 일주일 동안 즐거운 에너지가 넘쳐 가족들에게 더 잘해주고, 즐겁고 재미있게 지낼 수 있을 것이다. 이 말에 공감하는 사람은 참 많다.

나는 이상론자가 아니다. 이상을 말하는 것이 아니라 현실에서 나와 내 주변 사람들이 행복하길 바라는 마음을 이야기하는 것이다. '내가 이래도 되나?'라고 생각하기 이전에 사람을 해치거나 도둑질을 하는 것이 아닌데, 안 될 일이라는 것이 무엇이란 말인가. 내가 하고 싶은 일을 하면서 사는 것은 결코 죄를 짓고 사는 것이 아니다. 내가 해야 할 일이, 가족들에게 좀 더 좋은 방향으로 에너지를 보여줄 수 있다면 그렇게 해도 된다고 생각한다.

물론 여자로서의 의무를 완전히 버릴 수는 없다. 기본적인 책임을 가지고 하는 것이 맞다. 여자로서 어떻게 살까를 생각하면 사회가 제시하는 답은 정해져 있다. 그러나 인간으로서, 내가 어떻게 살아갈까를 생각하면 선택의 폭은 훨씬 더 넓어진다. 사는 방법이 즐겁고 다양해진다.

혼자 있는
시간

 삶은 예속의 연속이다. 어렸을 때는 부모에게, 결혼해서는 남편에게, 자녀에게, 시부모에게. 일을 하면서도 마찬가지다. 회사에 얽매이고, 일에 얽매이고, 관계에 얽매인다. 돌아보면 시간 시간마다 어딘가에 얽매여 하루 24시간을 보낸다. 특히 일하는 여성은 혼자 있는 시간을 만들기가 결코 쉽지 않다.
 반대의 경우도 있다. 요즘 대학생들은 취업 준비와 경쟁 구도 때문에 친구를 사귀는 것도 쉽지 않아 혼자 밥을 먹는 학생들이 점점 늘어나고 있다고 한다. 밥을 먹을 친구를 인터넷에서 구하거나 그것도 힘들면 동영상을 보면서 밥을 먹는 경우도 많다고 한다. 그래서 맛있는 음식을 잔뜩 늘어놓고 먹거나 음식을 만드는 과정을 그대로 보여주는 '먹방' 프로그램이 인기를 끌고 있다. 전문가들은 그런 현상을 지칭해 '푸드 포르노'라고 부른다고 한다. 이런 현상이 나는 조금 놀랍고 불편하다.

나는 사람들을 좋아한다. 사람을 만날 때 집중하고 상대에 대한 호기심도 많은 편이라 다양한 직종에 있는 사람을 만나 대화하는 것을 즐긴다. 그래서 사람들과 같이 맛있는 음식 먹고 즐기는 데에 많이 지출하는 편이다. 하지만 이 와중에도 혼자 있는 시간은 필요하다. 아무리 바쁘더라도 혼자 있는 시간은 꼭 가지려고 노력한다.

남편이 출근하고 아이들은 학교에 가고 집에 혼자 남아도 청소나 빨래, 설거지, 다림질 등 집안일이 끝도 없이 밀려든다. 이런 일상이 끼어든다면 혼자만의 시간이라고 말하기 어렵다. 내가 말하는 혼자란, 일이나 가사를 일절 하지 않는, 오롯이 나를 위해 투자할 수 있는 시간, 나를 즐길 수 있는 시간을 의미한다.

이런 순간만큼은 모든 것에서 풀려나 온전히 나 자신을 찾은 듯한 해방감을 느낀다. 일도 없고, 가족도 없고, 가정도 없다. 이 순간만큼은 인간 유난희로 돌아온다.

사실 내게 가장 행복한 시간은 비행하는 순간이다. 비행기에 올라타는 순간, 세상과 완벽하게 단절된 나만의 시간이 시작된다. 영화나 공연을 관람할 때는 휴대폰을 열어볼 수 있다. 전화가 올 곳이 있다면 영화를 보면서도 집중하지 못하고, 가방 속에서 휴대폰이 울릴까 노심초사하면서 공연을 보기도 한다. 완전한 해방이 아니다. 하지만 비행기 좌석에 앉아 안전벨트를 매는 순간부터 착륙하는 순간까지는 완벽한 혼자만의 시간이다. 얼마 후면 목적지에 다다를 수 있는 단절의 시간이다.

매우 비좁지만 그 공간에서 나는 무한한 자유를 느낀다. 그래서 나는 장거리 비행도 전혀 힘들지 않다. 하지만 비행기는 매주, 매월 시간을 내서 타기 힘들기 때문에 평소 외부와 단절된, 혼자 있는 시간을 만들려고 노력하는 편이다.

19~20℃는 내가 좋아하는 온도다. 19℃ 정도면 살짝 선선한 바람이 부는 날이고, 20℃는 따뜻한 기운이 온몸을 감싸는 듯한 날씨다. 겨울에서 봄으로 계절이 돌아서거나, 여름에서 가을로 움직이는 즈음의 시기인데, 나는 이 기온의 날씨가 참 좋다.

비 오는 날도 좋아한다. 비 오는 날은 세상이 씻겨 내려가는 것 같고, 빗소리와 함께 그 속에서 느껴지는 고요함이 좋다. 이처럼 내가 좋아하는 온도가 느껴지는 날이나 비가 오는 날, 바람이 부는 날, 나는 일부러 혼자 있는 시간을 찾아 밖으로 나선다.

거창하게 하는 일은 없다. 그저 카페에 가서 커피를 한잔하거나 SNS를 관리하고, 서점에 가서 책을 뒤적이기도 한다. 가끔은 한가롭게 아이쇼핑을 한다. 트렌드는 어떤지, 새로운 브랜드가 들어온 것이 있는지, 어떤 아이템이 유행인지를 체크한다. 일의 연장이 아닌 나를 충전하는 시간이다. 온몸에 햇빛을 받으며, 빗소리를 들으며, 바람을 느끼며 나를 찾는 시간은 무척 중요하다.

다른 사람들이 친구를 만나 불금을 즐길 때, 나는 혼자 있는 나만의 시간을 가지려고 한다. 혼자 있는 시간은 내게 해방감을 주고 에너지를 충전해주기 때문이다. 서걱거리는 일상에 지친 나의 감성이 살아나고, 치열하게 살면서 실수하고 나약해진 나를 용서하고 따뜻하게 보듬는 시간이기도 하다.

참 바쁘게 움직이는 세상이다. 우리는 잠깐 편안하게 숨 쉴 틈도 허락받기 어려운 시대에 살고 있다. 마치 폭풍이 몰아치듯 숨 가쁘게 달려왔다. 하지만 이제는 스스로를 되돌아볼 여유가 생겼다. 그리고 지독하게 삶에 매여 지내온 지난 시간 동안, 이런 시간을 자주 만들지 못한 것이 못내 아쉽다. 바쁠수록, 피곤할수록, 외로울수록, 힘들수록 나를 돌아볼 시간은 필요하다.

모든 사람이 자유로운 것 같지만, 진정 자유로운 사람은 드물다. 자유롭게 사는 듯 보여도 삶의 크고 작은 걸림돌에서 온전히 자유로울 수는 없다. 어쩌면 자유로움이 혼돈과 무질서로 이어질 수 있다. 우리가 믿는 자유가 사실은 정말 보잘것없이 초라한 것일 수도 있다. 그러나 우린 자유로운 삶을 꿈꾸고, 또 앞으로 계속 나아간다. 자유로워지겠다고 말할 필요가 없을 때까지 말이다.

/ 냉정하게 /

실패가 준
선물

"붙었지?"

대학생 때 만났던 남자친구의 전화였다. 방송국 시험을 준비한다는 핑계로 두 달 가까이 안 만나던 상황이었다. "어떻게 됐니?"도 "잘 됐어?"도 아니고 확신하듯 "붙었지?"라고 묻다니……. 그 친구 입장에서는 방송국 시험 준비를 곁에서 내내 지켜봤기 때문에 당연한 질문이었는지도 모르겠다.

"아니, 떨어졌어."

"떨어졌어? 진짜? 야! 넌 뭐 그런 데를 떨어지냐?"

'붙었지'에 이은 두 번째 폭탄이었다.

"그래, 난 그런 데도 다 떨어지는 사람이야."

내 자존심은 남자친구의 두 문장으로 완전히 구겨지고 말았다. 이 대화를 계기로 큰 불만 없이 만나오던 남자친구와 헤어졌다. 자존심이 무너진 나는 더 이상 그 친구를 만날 자신이 없었다. 그는 왜 헤어지는지 끝까지 이해하지 못했지만, 나는 마음의 상처를 받은 상태였다.

살면서 느끼는 거지만 아무리 친해도, 아니 친한 사이일수록 상대방의 자존심을 건드리는 말이나 행동을 해서는 안 된다. 그때 스물세 살 동갑내기였던 우리는 그래서는 안 된다는 걸 둘 나 몰랐다. 또 하나, 설사 자존심이 상하는 말을 들었다 하더라도 친한 친구나 연인 그리고 가족 사이에서는 자존심이 앞서서는 안 된다는 것을 어느 정도 나이가 들어서야 알게 되었다. 역시 나이를 먹는다는 게 이럴 때 좋다는 걸 또 한 번 깨달았다. 좀 더 너그러워지고 이해의 폭도 넓어진다.

"어떻게 됐니? 좋은 결과를 얻었니?"

"아니요, 교수님. 떨어졌습니다."

나를 무척이나 예뻐하던 교수님이었다. 아나운서 시험에 관심을 가지고 지켜보던 교수님이 결과가 어떻게 됐는지 궁금해하셨다. 불합격이라고 말씀드리는 순간, 나는 쥐구멍에라도 들어가고 싶었다. 그런데 교수님께서 의외의 제안을 하셨다.

"그래. 난희야, 방송국 입사하는 게 참 어렵다더라. 내 생각에 네가 소비자 경제에 관심도 많고 성적도 좋으니까 이쪽 분야로 대학원 시험을 준비하는 게 어떨까?"

"아닙니다. 교수님, 다시 아나운서 시험 볼 거예요."

나는 싫다고 했다. 사회에 나가 취직해 일을 하고 싶었다. 취직 시험에 불합격해서 그 대안으로 대학원에 가고 싶지는 않았다. 그리고 비록 KBS 시험은 떨어졌지만, 아직 MBC 시험이 남아 있었다. MBC는 붙을 자신이 있었다. 그렇게 준비를 했고 한 달 뒤 나는 MBC 아나운서 모집에 원서를 넣었다. 결과는 불합격이었다. 참담했다. 순간 교수님의 얼굴이 떠올랐다. 그렇게 딱 잘라 거절했는데, 다시 교수님을 어떻게 보나 싶었다. 날 보는 사람이 아무도 없는데도 얼굴이 화끈 달아올랐다.

"너 어디 가는 거냐?"

방송국 시험에 떨어지고, 첫 직장도 때려치운 나는 부모님에게 백수가 되었다는 말을 할 수가 없어 아침마다 준비를 하고 출근하는 척했다. 새벽 6시, 집을 나서서 내가 가는 곳은 시립도서관이었다. 그리고 퇴근 시간이 다가오면 귀가했다. 그러나 꼬리가 길면 잡히는 법. 그날도 새벽 일찍 정장 차림을 하고 집을 나서는데 아버지가 물으셨다. 이미 알고 물으시는 것 같아 거짓말을 할 수 없었다. 사실대로 말씀드렸다.

이날 나는 장시간 아버지에게 설교를 들어야 했다. 그러게 교직 과목 이수는 왜 포기했느냐, 어차피 들어간 회사면 적성에 맞지 않더라도 맞춰서 노력을 해야지 겨우 4개월 일하고 그만두는 어리석은 일을 했느냐, 참을성이 없다, 도대체 부모 말은 왜 안 듣는 거냐, 무슨 생각으로 세상을 살아가는 거냐, 자격증 하나 없이 그 어려운 취직 관문을 어떻게 뚫겠다는 거냐, 왜 한 마디 상의도 없이 회사에 사표를 내고 나왔느냐…….

아버지는 노발대발하셨고, 나는 죄지은 사람마냥 듣고 있을 수밖에 없었다. 그리고 그날 도망치듯 집을 뛰쳐나왔다. 무작정 꽤 오랜 시간 길을 걸었다. 그리고 생각했다. 내 선택에 대해서. 나는 정말 옳은 길을 가고 있는 것일까? 어디에서부터 잘못 선택한 걸까? 대학교? 학과? 아니면 교직 과목 포기? 아디다스 취업? 비서직? 사표?

대학을 졸업하고 대학원에 간 친구도 있고, 이미 결혼을 한 친구도 있었다. 나는 이도 저도 아니었다. 대학원도 가지 않았고 결혼할 남자도 없었다. 알량한 자존심에 상처를 받고 사귀던 남자친구와도 헤어졌다. 올해 방송국 시험은 이번이 마지막인데 이쯤에서 포기해야 하는지 확신이 서지 않았다.

유난히 자존심이 센 나였다. 자존심 때문에 실수하기 싫었고, 실패하고 싶지 않았고, 그래서 더 열심히 했다. 그런 내가 자존심을 구기는 일이 한두 번이 아니었다. 아나운서 시험이 나를 철저하게 패배자로 몰고 갔다. 그러나 그만큼 오기가 생겼다. 진짜 포기하면 못난 낙오자가 될 것 같았다. 주위 사람들 말에 긍정하는 꼴이 될 것 같았다.

'그래, 끝까지 해보는 거야. 설마 날 또 떨어뜨리겠어?'

나는 이렇게 생각하기로 했다. 누구나 실패하고 좌절하고 상처를 받는다. 그런 경험이 없는 사람이 세상에 어디 있겠는가. 그러나 상처를 스스로 치유하지 못하고 키워나가는 것만큼 어리석은 일은 없다고 생각한다. 오기든 긍정적인 마음이든 스스로 치유하는 방법을 찾아야 한다. 나의 경우, 처절한 실패는 오기를 불렀다. 시험에 떨어져서 실패한 인생이 아니라 내가 포기하면 실패한 인생이라고 생각했다. 주변 사람들의 비난, 걱정, 질책은 살아 있는 동안 끝까지 포기하지 않고 도전하겠다는 나의 다짐에 불을 붙여주었다.

오기가 무모한 도전으로 비쳐질지도 모르겠다. '모 아니면 도'라고 받아들여질 수도 있다. 냉정하지 못한 판단이라고 여겨질 수도 있을 것이다. 그러나 반대로 주변 사람들의 걱정 어린 조언에 휩쓸리지 않고 나의 중심을 잡아주는 것 또한 오기이자 자존심이었다.

결국 아나운서 시험 스물두 번 실패라는 경험을 통해서 얻은 가장 큰 선물은 쇼호스트라는 직업이었다.

지금의 나는 과거에 내가 보냈던 시간으로 만들어진다. 내가 겪었던 경험, 갈림길에서 했던 선택, 고민했던 시간, 1분 1초가 모여 지금의 내가 된다. 한순간도 나를 만드는 데 불필요한 시간은 없다. 승리, 실패, 고난, 성취라는 모든 것이 모여 하나의 조각처럼 내가 만들어진다. 삶은 선택의 연속이다. 그때마다 바짝 긴장하고 있어야 나라는 조각을 멋지게 다듬을 수 있을 것이다.

달콤한 시련

"뻐꾹, 뻐꾹!"

1995년 8월 1일 오전 10시. 39쇼핑에서 홈쇼핑 최초의 방송이 시작되었고, 나의 첫 방송도 시작되었다. 첫 판매 제품은 뻐꾸기시계. 네 시간 동안 판매된 제품은 고작 열 대가 조금 넘었고, 그것도 모두 방송국 직원과 가족이 산 것이었다. 당시는 홈쇼핑이 지금과 달리 유료 채널이었으니 어쩌면 당연한 결과였는지도 모르겠다.

1995년 하이쇼핑(현 GS SHOP)과 39쇼핑이 처음으로 홈쇼핑의 포문을 열었으니 2015년은 홈쇼핑을 시작한 지 딱 이십 년이 된다. 1995년 첫해, 두 업체의 취급고(광고 회사의 규모를 나타내는 기준)를 합한 금액은 34억 원에 불과했다. 지금 진행하는 〈유난희 쇼〉의 두 시간 매출과 비슷하거나 조금 못 미치는 정도다. 그러나 다음 해 홈쇼핑 취급고 합산 금액은 첫 해의 열 배인 335억 원으로 껑충 뛰었고, 1997년 IMF를 맞은 후에도 차근차근 몸집을 키워나가다가 2011년에는 10조 원을 돌파했고, 2014년 14조 원을 넘겼다.

처음 두 업체로 시작했던 홈쇼핑 시장에 2001년 우리홈쇼핑과 농수산쇼핑(NS홈쇼핑 전신), 현대홈쇼핑이 새로 신입했고, 2012년 중소기업 전용 홈쇼핑인 홈앤쇼핑, 2015년 공영 홈쇼핑이 생기면서 이십 년 만에 7개 사로 늘어났다.

우리나라 홈쇼핑 시장은 짧은 기간에 놀라운 성장을 이루어 그 규모는 미국에 이어 두 번째고, 동남아 진출 수준은 세계 최고다. 우리나라보다 홈쇼핑 역사가 더 오래된 일본이나 영국 같은 선진국보다 시장 규모가 더 크다. 홈쇼핑의 원조격인 미국에서 견학을 올 정도다.

나는 이런 이십 년 홈쇼핑 역사와 함께했다. 거기에는 열정에 들떠 앞뒤 가리지 않고 아나운서 시험에 뛰어들었던 철부지 유난희가, 수많은 실패와 좌절로 점철했던 이십 대의 내가 있었다. 만약 내가 실패하고 말았다는 초라함과 부끄러움에 자존심 상해하면서 부정적인 감정에만 휘둘렸더라면, 스스로에게 냉정해지지 못했더라면 결코 홈쇼핑 역사에 나의 이름을 올리지 못했을 것이다.

나는 유난히 상과는 인연이 없었다. 아니, 운이 따라주지 않았다. 우등상을 받거나 그림 그리기 대회, 백일장에서 입상을 한 적이 몇 번 있긴 했지만, 인생의 진로 여부를 결정짓는 시험에서는 항상 떨어졌다. 십 년간 피아노를 배우면서 콩쿠르에도 여러 번 나갔지만 항상 탈락했다. 혹시 피아노 대회에서 운 좋게 입상했다면 상을 받았다는 기쁨에 더 열심히 피아노를 쳤을지도 모르겠다. 하지만 그런 운은 따라주지 않았다. 중·고등학교 때도 방송반에서 활동하고 싶었지만 번번이 고배를 마셨고, 그런 일들이 계속 되다 보니 대학 입시 때도 불안해서 성적보다 훨씬 커트라인을 낮춰서 원서를 넣었다.

그런 불운(?)은 계속되어 대학 때도 방송국에 들어가기 위해 준비를 했지만, 시험 당일 감기 몸살로 앓아누웠고, 아나운서 준비를 하기 위해 들어갔던 방송 아카데미에서도 그랬다. 6개월 동안 방송 언어, 표준어 사용, 발음, 발성, 호흡법, 뉴스 리딩, 리포트 원고 작성, 현장 실습 등 교육을 받으며 교육생들은 중간 중간 리포터로 발탁되었다. 실력 있는 교육생은 취직이 되기도 했다. 취직까지는 아니어도 대부분의 교육생이 적어도 한두 번 정도 리포터 경험을 했다. 하지만 나는 리포터 경험 기회조차 얻지 못했다. 아카데미에서 리포터를 찾는 방송국 PD들의 눈에 들지 못했던 것이다.

'나는 정말 아나운서 자질이 없는 걸까? 왜 다들 한 번쯤은 나가는 리포터 기회조차 나에게는 주어지지 않는 걸까?'

그 누구도 이런 상황에 처한다면 결코 긍정적으로 생각하지 못할 것이다. 우울하고, 비관적인 생각이 들 것이다. 나도 그랬다. 비참하고 초라했다. 그러나 나는 포기하기 싫었다.

대학 4학년 말 방송국 시험 두 곳에 모두 떨어지고 쫓기듯 비서실에 입사했다. 비서라기보다 정확하게는 비서 보조였다. 방송국에 꼭 합격한다는 보장이 없으니 자격증은 따두는 것이 좋지 않겠냐며 내게 교직 과목 이수를 적극적으로 권유했던 조교의 추천에 의해서였다. 방송국 시험을 준비한다며 교직 과목을 버리고 영문학 수업을 선택했을 때, 무척 안타까워하던 언니였다.

조교가 추천한 회사는 독일 아디다스의 한국 에이전시였다. 1988년 서울올림픽 공식 후원사로 선정된 아디다스의 한국 업무가 많아지면서 에이전시도 업무량이 늘어나 비서 한 명으로는 업무량을 감당하기 힘들었던 듯했다. 비서라는 직업에 전혀 관심이 없었지만, 아나운서 시험은 떨어졌고, 대학 졸업은 코앞이었다.

아르바이트보다는 직장이 필요했다. 비서실에라도 취업하지 않으면 당장 백수가 될 판이었다. 어쩔 수 없는 선택이었다. 부모님도 좋아하셨다. 비서 일을 한 번도 생각해본 적은 없었지만, 못할 것도 없을 것 같았다. 그래서 도망치듯 비서실로 출근했다.

참 이상했다. 뜨겁게 원하는 것은 손에 넣기 어려웠지만, 별로 큰 기대를 품지 않은 것은 생각보다 손에 쉽게 들어왔다.

그렇게 졸업과 동시에 나는 취직을 했고, 나의 꿈은 잠시 멀어졌다. 3개월 동안은 그럭저럭 신선하고 재미있었다. 하지만 내가 맡은 일은 사장실 청소, 커피 타기, 문서 파일 정리 같은 아주 단순한 업무가 전부였다. 중요한 일은 선임 비서가 모두 처리했다. 3개월이 지나고 나자 이런 단순한 일을 하려고 입사한 게 아니라는 생각이 들었다. 내가 원하는 길이 아닌, 엉뚱한 곳으로 가고 있는 것 같았다.

그러다 결국 일이 터졌다. 선임 비서가 휴가를 간 동안 사장님이 지시한 간단한 서류조차 찾지 못한 것이었다. 사장님은 재촉했지만, 나는 진땀을 뻘뻘 흘리면서도 서류를 찾을 수가 없었다. 결국 휴가 중인 선임 비서와 사장님을 연결하고, 나는 커피나 타는 신세로 전락했다. 그때 깨달았다. 선임 비서가 내게 단순한 업무를 시킨 것이 아니라 내가 열정 없이 단순하게 일을 하고 있었다는 것을 말이다.

결국 그 일로 나는 사표를 냈다. 나가라고 한 사람은 없었지만, 영혼 없이 일하던 나는 그만둘 수밖에 없었다. 3개월 동안 나는 중요한 일은 하나도 시키지 않는다고 투덜거리며 정작 내가 해야 할 일은 하지 않았다. 할 마음이 없으니 노력하지 않았고, 결국 기회가 찾아왔을 때 아무것도 하지 못했다. 평소 내게 기회가 오지 않는다고 불평했지만, 내가 바라는 기회가 왔을 때 대처할 준비를 전혀 하지 않고 있었던 것이다. 지난해까지 방송국 아나운서 시험을 준비하며 철저하게 분석하고 치밀했던 나의 모습은 온 데 간 데 없었다.

나 자신이 한심하기 짝이 없었다. 그러나 그 일로 나는 다시 냉정해질 수 있었다. 내 꿈은 비서가 아니었다. 한 번도 비서직에 관심을 가진 적도, 하고 싶다는 생각을 한 적도 없었다. 다만 졸업하고 놀 수가 없어서 궁여지책으로 취업했을 뿐이다. 아디다스는 내 도피처였던 셈이다.

나에게는 나를 온전히 던질 수 있는 일이 필요했다. 지루한 것을 견디지 못하고 항상 새로운 자극을 찾아 나서는 내 성격 탓이기도 하다. 결국 나는 잠시 접었던 내 꿈을 향해, 아나운서 시험을 준비하던 나로 돌아왔다. 아나운서 시험에 떨어져도 준비하는 동안 나는 행복했고 기뻤다. 그 설렘과 흥분이 내 삶의 엔도르핀이었다.

나는 무언가에 미치고 싶었다. 몰두하고 싶었다. 그게 내가 원하는 일이었다. 성공이 아니라 내가 행복해질 수 있는 무언가를 하고 싶었다. 어쩌면 냉정과는 가장 먼 것 같은 나의 바람. 하지만 그 바람 때문에 포기라는 유혹이 있을 때마다 냉정해질 수 있었다. 중간에 타협하지 않을 수 있었다. 그리고 이런 실패와 경험이 꿈에 가까이 갈 수 있도록 나를 더욱 몰아세워주었다.

분명 꿈을 향해 달려가고 있는데도 꿈에서 멀어지는 것 같은 순간이 올 것이다. 오랫동안 노력했는데도 아무것도 이룬 것이 없는 것처럼 느껴질 때도 있을 것이다. 내게만 운이 비껴가는 것 같고, 포기하고 싶은 순간이 있을 것이다. 하지만 열매를 맺기 위해서는 수많은 시련과 시간이 필요한 법이다. 소중하고 귀한 당신이 아무렇지도 않게 익어갈 리 없다.

흔들리는 것은 감정이다. 그러나 필요한 것은 냉정한 판단이다. 꿈도 나무와 같아서 토양을 다지고 씨를 뿌리고, 싹을 보살피고, 물을 줘야 자라난다. 시간이 걸린다. 가뭄이 닥칠 수도 있고, 갑자기 큰 비가 내릴 수도 있다. 어떤 때는 병충해를 만나기도 할 것이다. 하지만 이런 과정을 거쳐 열리는 과일은 달디달다. 그것은 이 모든 과정을 거친 사람만이 맛볼 수 있는 달콤함이다.

# 운은 없다, 노력이 있을 뿐

"왜 그렇게 아등바등 살아?"

남들은 내가 기를 쓰면 쓸수록 왜 그렇게 아등바등 사느냐고 했다. 적당히 살면 안 되냐고 했다. 하지만 나는 살면서 적당히 해서 되는 일이 없었다. 학창시절 시험을 볼 때도 대강 찍어서 정답을 맞춘 적이 없다. 남들은 찍어도 최소한 25점은 맞는다는데, 내게는 그런 능력이 없었다. 그렇다면 방법은 단 하나, 노력하는 것뿐이었다.

진로를 결정하고, 대학 2학년 2학기 때부터 2년 넘게 아나운서 시험을 준비했다. 교사 자격증을 딸 수 있는 강의를 포기하고 아나운서가 되기에 조금이라도 더 유리한 영문학 부전공 수업을 듣는 것부터 시작해 조간신문 사설을 하루도 빠트리지 않고 읽고, 방송 아카데미에서 6개월간 아나운서 과정 교육을 받고, 마지막 일 년은 이론 시험 준비로 도서관에서 살다시피 했다. 한마디로 아나운서 시험 준비에만 몰두하고 매진했다.

방송 아카데미에서 말이 빠르고 혀 짧은 소리를 낸다는 지적을 받고 교육받는 내내 연필을 물고 책을 읽으면서 그 버릇을 고쳤다. 아무리 힘들어도 나의 발음이 내 꿈을 성취하는 데 방해가 된다면 6개월이 아니라 십 년이 걸린다고 해도 고치고 싶었다. 객관적으로 나를 평가하고, 고치려고 노력했다.

사실 잠실 롯데백화점 사내 아나운서로 3년을 일했고, 한국통신 케이블TV 양천방송 시범방송사업단에서도 3년 동안 지역 뉴스 아나운서를 했으니 어떻게 보면 작게나마 내 꿈을 이룬 셈이다. 그렇지만 늘 공중파 채널을 꿈꾸던 내게 백화점 사내방송과 지역 케이블방송은 너무 좁은 세상이었다. 더 큰 세상으로 나아가고 싶었다.

그래서 나이 제한에 걸릴 때까지 포기하지 않았다. 직장을 다니고 있을 때도 아나운서 시험이 있다고 하면 휴가를 내고 지방까지 달려갔고, 심지어 신혼여행까지 미루고 아나운서 면접을 보러 갔다. 8년 동안 스물두 번의 시험에 떨어졌지만, 단 한 번도 후회한 적은 없다.

그사이 나는 이십 대를 지나 삼십 대로 접어들었고 결혼도 했다. 이제 더 이상 기회가 없을 것 같다는 생각이 들기도 했다. 그러나 기회는 내가 생각지도 못한 때에 우연히, 그것도 급하게 찾아왔다.

당시 나는 양천방송을 그만두고 프리랜서로 다솜방송 리포터로 일하고 있었다. 결혼하고 반년 정도 지난 후였다. 토요일 오전, 늦은 아침을 먹고 우연히 신문에서 홈쇼핑 텔레비전(HSTV, 39쇼핑 전신) 모집 공고를 보게 되었는데, 그날이 원서 지원 마지막 날이었다. PD, MD 등 다양한 직종이 있었는데, 그중 쇼호스트에 눈길이 갔다.

"쇼호스트가 뭐지? 호스트?"

쇼호스트라는 단어 자체가 없던 때이니, 의문이 드는 것은 당연했다. 그래서인지 모집 공고에는 쇼호스트라는 단어에 짧은 설명이 달려 있었다.

'방송에서 상품을 소개해주는 전문 진행자'

정확하게 어떤 직업인지 알 수 없었다. 하지만 나이, 결혼 여부에 제한이 없었다. 일단 방송이라는 것과 진행자라는 것에 꽂혔다. 어떤 일인지는 일단 시험을 치르고 난 후에 알아도 되지 않겠는가. 시간이 촉박했지만 나는 서둘러 준비했고, 원서 마감 시간이 막 지난 후 도착해 거의 간청하다시피 해서 겨우 원서를 낼 수 있었다. 입사 지원서에 붙인 사진이 너무 급하게 찍었던 것인지라 크게 기대를 하지 않았지만, 기대와 달리 2차 실기시험을 보러 오라는 연락이 왔다. 실기시험은 상품 세 가지를 임의로 정해 소개하는 것이었다.

어떻게 해야 하는지 짐작조차 가지 않아 인사팀에 물어보니 그들도 잘 몰랐다. 그냥 소개하라고만 했다. 눈앞이 캄캄했다. 무턱대고 백화점을 신발 바닥이 닳을 정도로 계속 돌아다녔다. 집에 틀어박혀 내 멋대로 생각하느니 그러는 편이 무언가라도 얻을 수 있지 않을까 기대하면서 말이다.

그러다 갤러리아백화점에서 프랑스 샴푸 판매를 위한 시연을 보게 되었고, 직감적으로 '이거다!' 싶었다. 거기서 다시 한 번 더 설명해달라며 집요하게 판매 사원을 물고 늘어졌다. 그리고 거금을 들여 아예 그 제품을 사서 집으로 돌아와 어떻게 그 제품을 설명할지 철저하게 공부하고 고민했다. 그 결과 나는 1등으로 입사할 수 있었다.

하지만 입사하자마자 곧바로 시련이 다가왔다. 국내에 쇼호스트라는 직업이 전무했기 때문에 나는 물론 함께 입사한 동기들 역시 모두 머리를 싸매고 공부해야 했다. 미국 홈쇼핑 테이프를 돌려보면서 밤을 새워가며 공부했고, 그렇게 시작된 공부는 지난 이십 년 동안 멈춘 적이 없다.

상품을 판매할 때에는 상품에 대해 하나라도 더 많이 알고자 파고들었고, 시간이 날 때마다 시장 조사를 하러 돌아다녔다. 필요하면 그 분야의 전문가도 만났다. 많이 알아야 제대로 된 정보를 소비자에게 전할 수 있기 때문이었다. 명품을 소개하면서 명품에 얽힌 이야기를 들려주고 싶었지만, 나도 명품을 모르고 인터넷도 발달되지 않아 자료를 찾기 쉽지 않았다. 그래서 백화점을 뒤져 비치되어 있는 잡지를 보면서 공부했다. 공부한 내용으로 방송을 하니 MD와 업체 관계자 모두 놀랐다.

시간이 날 때마다 다른 쇼호스트가 출연하는 홈쇼핑 채널을 보면서 홈쇼핑의 문제가 무엇인지 공부했다. 그래서 발견한 것이 일반적으로 쇼호스트의 목소리가 너무 크고 시끄럽다는 것이었다. 나 역시 하이톤의 다급한 목소리로 방송을 진행했다. 방송 아카데미에서 지적을 받고 연습을 많이 하기는 했지만, 그래도 여전히 하이톤이었다. 그래서 일부러 목소리 톤을 낮추고, 말도 천천히 했다(세 번의 성대결절을 겪으며 지금은 자연스럽게 목소리 톤이 낮아졌다). 목소리 톤을 낮추고 천천히 말하면서 시청자의 시선을 사로잡기 위해서는 콘텐츠가 풍부해야 했다. 그래서 더 공부했다. 시간이 흐르면서 사람들은 내게 자주 이런 말들을 한다.

"유난희 씨, 이젠 별다른 준비 없이도 충분히 방송할 수 있지 않나요? 왜 그렇게 열심히 하세요. 좀 쉬엄쉬엄 하세요."
"어떻게 두 시간 넘게 대본도 없이 생방송을 진행하세요? 정말 대단하십니다."

나도 사람이다. 신체적으로 힘들 때도 있다. 하지만 즐겁기 때문에 지금도 일이 끝나면 힘차게 시장 조사에 나선다. 책을 읽고 공부한다. 자료 조사를 위해 인터넷 서핑을 한다. 내가 직접 상품을 발굴하기도 하는데, 그런 제품이 대박을 치기도 한다. 그건 아마도 상품이 만들어지는 생산 현장과 시장을 끊임없이 관찰해온 덕분일 것이다.

내가 대본 없이 방송할 수 있는 것도 평소 상품에 대해 철저하게 공부하기 때문이다. 잘 알고 있기 때문이다. 친구를 만나서 된장찌개 레시피를 앞에 두고 맛있게 끓이는 법에 대해 이야기하는 주부는 없다. 그만큼 익숙하고 잘 알기 때문이다. 내가 대본 없이 방송을 진행할 수 있는 것도 마찬가지다.

인간의 적응력은 강하다. 어느 정도 환경에 익숙해지면 긴장이 풀어지고, 쉽게 가려고 한다. 그러나 그렇게 해서는 결코 발전할 수 없다. 내가 홈쇼핑 입사 후 나의 재능을 충분히 보여줄 수 있었던 것은 나의 노력의 결실이라고 생각한다. 지금까지 내가 낙오하지 않고 내 위치를 지킬 수 있었던 것도 쉼 없는 노력 때문이라고 믿는다.

태어날 때부터 절대적인 능력을 가진 사람은 없다. 재능은 원석이다. 원석을 그대로 내버려둔다면 기회가 와도 결코 사용할 수 없다. 반짝이는 다이아몬드도 아름답게 연마하기 전까지는 그저 투명한 광물일 뿐이다. '난 운이 없어'라고 불평하기 전에 자신이 할 수 있는 것을 찾아보자. 그 안에서 기쁨을, 즐거움을, 재미를 발견해보자. 지금보다 삶이 좀 더 풍성해질 테니 말이다.

오직
진심뿐

"이 옷은 천연 소재인 마로 만들어졌습니다. 물론 더운 여름에는 더할 나위 없이 시원하게 입을 수 있습니다. 하지만 만약 구김이 싫은 분이시라면 이 옷을 구입하시면 안 됩니다."

"브라운 컬러의 페이즐리 무늬가 신비로우면서도 묘한 분위기를 연출하는 핸드백입니다. 하지만 가격이 50만 원이 넘습니다. 아무리 마음에 들더라도 금전적인 여유가 넉넉하지 않으신 이십대 여성분들은 그냥 눈요기로만 보시는 것도 좋을 것 같습니다."

"이 옷은 아직 우리나라에서 보편적이지 않은 엘라스틱 밴드가 뒤 허리 부분에 부착되어 있는 패딩 코트입니다. 만약 코트에

벨트를 연출하는 옷을 싫어하시는 분이라면 이 옷을 구입하시면 안 됩니다."
"이 재킷은 특히 키가 작으시다면 권해드리고 싶지 않습니다."
"이 신발은 오십 대 이상의 분들께만 추천해드립니다."

그동안 내가 홈쇼핑에서 했던 말들이다. 나는 "사지 말라"는 말을 종종 한다. 누군가는 쇼호스트의 최고 덕목 중 하나가 제품이 많이 팔리는 것인데, 사지 말라는 것이 이율배반적이라고 한다. 그럴 수도 있다. 하지만 나는 제품에 대한 정확한 정보, 전문적인 이야기면 됐지 굳이 무조건 사라는 말만 하고 싶진 않다. 살지 말지 결정하는 것은 내가 아니라 시청자의 몫이다. 나는 솔직했기 때문에 신뢰를 얻었다. 믿고 보는 방송인이 되었다. 억 단위를 움직이는 쇼호스트가 되었다.

판매에서 진실이 곧 힘이라는 것을 처음 알게 된 것은 대학 때 했던 백화점 판매 아르바이트 경험을 통해서였다. 당시 나는 롯데백화점 PB브랜드인 '샤롯데' 블라우스 코너의 판매 보조를 했다. 특별히 내가 할 일은 없었다. 판매원 언니가 하는 일을 지켜보고 옆에서 영수증을 챙기고, 쇼핑백에 옷을 넣는 게 전부였다. 그런데 이상한 점이 한 가지 있었다. 내가 보기에 구매자와 옷이 잘 어울리지 않는데 예쁘다며, 정말 잘 어울린다고 말하는 거였다.

옷을 입어보던 사람은 거울 속에 비친 자신의 모습을 보면서 마음에 썩 내키지 않는 표정이지만, 판매원이 연신 예쁘다고 하니 헷갈리는 듯했다. 그리고 결국 블라우스를 사갔다.

"언니, 아까 그 아주머니 별로 안 어울리는데 왜 자꾸 어울린다고 하세요?"

"그래야 구입하지. 결국 샀잖아. 원래 자기 자신은 판단을 잘 못 해. 옆에서 예쁘다고 해줘야 사는 거야."

스물한 살, 어린 대학생으로서는 이해할 수 없는 일이었다. 판매를 위해 어울리지 않는 걸 어울린다고 말하다니……. 막연하게나마 그건 아니라는 생각이 들었다. 며칠 후 직원 언니는 여름휴가를 가고 작은 매대를 나 혼자 맡게 되었다. PB 브랜드인 만큼 샤롯데 블라우스 코너는 에스컬레이터를 타고 올라오면 바로 눈앞에 있어서 손님들의 발길이 끊이질 않았다.

어느 날 블라우스를 만지작거리는 아주머니에게 직접 입어보라고 권했다. 탈의실에서 블라우스를 입고 나온 아주머니의 모습은 그다지 예쁘지도 않았고 어울리지도 않았다. 거울 앞에서 이리저리 자신의 모습을 비춰보는 손님에게 나는 다가갔다.

"괜찮나?"

나에게 물어보듯 혼잣말을 하셨다.

"손님, 저…… 제가 보기에는 겨드랑이 쪽이 꽉 끼는 것 같아요. 그리고…… 잘 안 어울리는 것 같아요."

내 말에 손님은 뒤를 돌아 나를 힐끔 쳐다보았다.

"그래요? 좀 끼기는 하는데 디자인이 예뻐서……. 어딘가 좀 안 맞는 것 같기도 하고……."

그러더니 탈의실에 들어가서 옷을 갈아입고 나오셨다. 옷을 건네며 내 얼굴을 한 번 쳐다보고 내 명찰을 힐끔 쳐다본 아주머니는 씩 웃으며 말했다.

"아르바이트 학생이구나? 학생이 보기에 이 옷 나한테 진짜 안 어울리는 거 같아?"

그렇다고 대답했다. 손님은 크게 웃으시더니 학생이라 솔직하다고 말씀하시더니 블라우스를 건네주셨다. 그러고는 솔직하게 말해줘서 고맙다고 인사를 하고는 가버렸다. 옆 매대에서 나를 지켜보던 판매원 직원이 한심하다는 듯이 웃으면서 나를 힐끗 쳐다봤다.

물론 모든 손님에게 다 그런 건 아니었다. 블라우스가 정말 잘 어울려서 여왕처럼 예쁜 고객도 있었고, 맞춘 듯이 잘 어울리는 사람도 있었다. 판매원 언니가 휴가로 자리를 비운 며칠간 나 혼자 담당한 블라우스 코너의 매출은 생각보다 좋았다. 판매가 잘 되니 나도 신났다.

블라우스를 사간 고객은 며칠 뒤 친구와 같이 와 옷을 골랐다.

인연은 한 번으로 끝나는 것이 아니다.
진심으로 상대를 생각한다면 솔직해진다고 해서
관계가 끊어질 리 없다고 믿는다.

진짜 상대를 생각하고,
나를 생각하고, 회사를 생각한다면
**결코 그 순간을 무마하기 위해
거짓말을 해서는 안 된다는 것이
나의 원칙이다.**

옷을 입어보고 내게 봐달라고 했다. 그렇게 자신이 옷 입은 걸 봐달라는 사람이 의외로 많았다. 내 의견을 믿고 내 말을 신뢰해준 것이다. 만약 '어울리지 않는 옷을 어울린다고 해서 사갔다면'이란 가정을 해본다. 아마 고민하다가 반품하거나 한두 번 입다가 옷장에 처박히는 신세가 되었을 것이다.

〈유난희의 리얼 스토리〉를 진행할 때의 일이다. 상품에 대한 안목이 높다는 걸 인정해주는 업체들이 늘면서 제품 개발 전에 내게 종종 의견을 묻거나 함께 기획하는 일이 점차 늘어났다. MD가 물건 하나를 들고 왔다.
"선배님, 이 상품 어때요?"
니트에 라쿤털이 풍성하게 달린, 참 예쁜 목도리였다.
"어머, 정말 예쁜데."
"그렇죠? 우리 이거 할까요?"
"그런데 얼마야? 20만 원대면 완전 대박 날 것 같아. 그 가격이면 방송하자."
그렇게 이야기하고 일 년이 지났다. 다시 겨울이 왔다. 업체에서 라쿤목도리를 만들어 왔다. 40만 원대에 팔겠다고 했다. 난 너무 비싸다고 거절했다. 그러자 업체에서는 20만 원대라며 상품을 새로 만들어왔다. 샘플을 본 나는 깜짝 놀랐다.

"이게 뭐예요? 부스럼 난 고양이 털 같잖아요. 털목도리를 사서 십 년을 써도 이렇게는 안 될 것 같은데요. 이건 절대 20만 원대에 판매 못합니다."

"이게 뭐 어때서요? 이렇게 하면 괜찮잖아요?"

업체와 방송하기로 약속한 MD는 목도리를 목에 둘둘 감았다. 좀 덜하긴 했지만, 여전했다. 나는 방송을 못한다고 했다. 상품에만 집중해서 만든 제품이 아니었다. 그냥 겨울이어서, 털 제품이 판매가 잘되니까, 게다가 유난희가 판다고 하니까 만들어온 상품이었다. 가격을 비싸게 받을 수 없을 것 같으니 5천 장 만들 라쿤으로 1만 장을 만든 것 같았다.

나는 단호하게 거절했다. 업체는 무조건 팔아달라고 했고, 나는 할 수 없다고 했다. 미팅은 점점 살벌해졌다. 결국 PD의 중재 하에 상품을 빼기로 했다. 그런데 이 업체가 상당히 큰 곳이었다. 위에서 압력이 내려왔다. 판매할 수밖에 없는 상황이 된 것이다. PD도 어쩔 수 없는 상황이 되었다.

"유난희 씨, 짧게 갑시다. 그냥 멘트만 잘해줘요. 그리고 매출이 안 나왔다고 하면 어쩌겠어요. 생색만 냅시다."

사회란 그렇다. 피하고 싶지만, 내 입장만 내세울 수 없는 상황이 온다. 결국 방송을 했다. 하지만 내 마음이 움직이지 않았다. 코디도 상품을 보며 울상을 지었다. 좋은 말이 나올 리 없었다.

"안녕하세요. 유난희입니다. 오늘 소개할 제품은 라쿤 목도리입니다. … 따뜻해 보이지만 털이 풍성하지 않죠? 아니, 기왕 라쿤을 다는 거, 좀 많이 달았으면 좋았을 텐데 좀 아쉽습니다."

방송을 하던 카메라맨, PD, 업체들의 얼굴은 보지 않아도 어떨지 알 수 있었다. 모두 뭉크의 〈절규〉와 같은 표정이었을 것이다. 내 멘트는 계속 이어졌다.

"이런 목도리는 풍성한 게 멋인데 조금 아쉬운 면이 있네요. 만약 너무 거창한 걸 싫어하신다면 이 목도리를 좋아하실 수도 있을 거예요. 그래도 라쿤 목도리는 풍성하고 따뜻해야 한다고 생각하는데……. 조금 아쉽네요, 저는."

결국 PD가 그만하라는 사인을 보냈다. 실제 방송시간은 10분 정도밖에 되지 않았다. 내가 그런 멘트를 했는데도 상품은 팔렸다. 그러니 업체의 원망은 더했다. 그렇게 말했는데도 판매된 걸 보면 조금만 더 잘해줬으면 얼마나 잘 팔렸겠느냐는 것이다. 그러나 나는 내가 할 수 있는 한 최고의 멘트를 했다.

업체는 한 번 더 라쿤 목도리 방송을 진행했지만, 판매량은 저조했다. 업체는 다시 내게 부탁을 해왔다. 하지만 나는 정중하게 거절했다.

"소비자 눈이 두 개라고 생각하지 마세요. 홈쇼핑 상품을 보는 눈이 두 개가 있고, 백화점 상품을 보는 눈, 길거리 숍 상품을 보는 눈까지 모두 여섯 개, 여덟 개의 눈을 가지고 있습니다. 상품을 만드는 업체는 자기 물건만 보기 때문에 두 개의 눈밖에 없습니다. 두 개의 눈을 가지고 여섯 개, 여덟 개의 눈을 가진 소비자들에게 좋다고 이야기하면 웃음거리밖에 안 됩니다. 제가 시장 조사를 했을 때 이 제품은 다른 제품보다 12만 8천 원도 비쌉니다. 7만 9천 원 정도면 적당할 것 같아요. 그러니 팔 수 없습니다. 전 방송 못하지만, 다른 쇼호스트가 잘 팔 수 있도록 하려면 가격을 낮춰서 판매하세요. 제가 드릴 수 있는 말은 여기까지입니다."

결국 그 제품은 다른 쇼호스트에 의해 6만 9천 원에 판매되었다. 사람들은 이런 나를 굉장히 차갑다고 말한다. 하지만 소비자의 눈은 냉정하다. 물론 쇼호스트들이 판매 상품에 대해 부정적인 말을 하기란 어렵다. 하지만 안 좋은 제품을 무조건 좋다고 해서는 안 된다. 나도 과장은 한다. 좋은 걸 더 좋다고 과장하지만, 안 좋은 걸 좋다고 하는 거짓말은 하지 않는다. 내가 후배 쇼호스트에게 항상 하는 말이 있다.

"우리가 지금 남대문에서 판 깔아놓고 '골라, 골라' 하는 거 아니잖아. 약장사 아니잖아. 오일장에서 물건 팔고, 딴 데로 옮겨다니는 뜨내기 장삿꾼도 아니잖아. 너무 과장하지 마. 거짓말하지도 마. 있는 그대로 이야기해. 물론 나도 과장할 때 있어. 좋은 상품을 오버해서 좋다고 이야기할 수는 있지만, 거짓말은 안 한다.

그게 내 철칙이야."

홈쇼핑은 특수한 시장이다. 홈쇼핑 방송의 3초는 다른 방송의 3시간보다 길다. 시청자가 홈쇼핑에 시선을 고정하는 평균 시간은 고작 27초에 지나지 않는다. 구매에 걸리는 시간 역시 겨우 2분이다. 결론적으로 27초 동안 시청자의 시선을 사로잡지 못하면 실패다. 그 짧은 시간 동안 강렬한 인상을 남겨야 한다. 이 말은 곧, 생방송 시간 내내 임팩트 있는 멘트를 날려야 한다는 의미다. 그러나 한두 시간 생방송 동안 계속 그렇게 할 수 있는 쇼호스트는 없다. 결국 나는 시청자를 사로잡을 수 있는 것은 진실과 진심이라고 생각한다.

쇼호스트는 소비자와 같은 물건을 쓰면서 공감하고 기뻐하고 슬퍼하는 사람이다. 소비자의 요구도 누구보다 잘 알아야 한다. 그렇기 때문에 냉정하게 판단해야 한다. '사지 말라'는 말은 당장 눈앞의 이익만 생각한다면 할 수 없는 멘트다. 당연히 PD도 싫어한다. 하지만 나는 신뢰할 수 있고, 진심이 담긴 정보만이 소비자의 공감을 얻는다고 믿는다.

그후 업체에서는 "그때 우리가 실수한 것 같습니다"라며 인정했다. 그리고 지금은 많은 업체들이 내게 의견을 물어보고 함께 기획하며 일하고 있다.

인연은 한 번으로 끝나는 것이 아니다. 진심으로 상대를 생각한다면 솔직해진다고 해서 관계가 끊어질 리 없다고 믿는다. 진짜 상대를 생각하고, 나를 생각하고, 회사를 생각한다면 결코 그 순간을 무마하기 위해 거짓말을 해서는 안 된다는 것이 나의 원칙이다. 거짓은 그 순간을 무마시키고 넘길 수 있을지는 몰라도 언젠가는 진실이 드러나기 마련이다. 상대의 마음을 움직일 수 있는 것은 달콤한 거짓말이 아니라 담백한 진심뿐이다.

워킹우먼의
원칙과 룰

 업체와의 마찰은 항상 있는 일이다. 십 년 전쯤이다. 〈유난희의 클럽 노블레스〉를 방송할 때였다. 일 년 반 넘게 엄청 잘 나가던 상품이 있었다. 3종 세트를 9만 9천 원에 팔던 여행 가방이었다. 가격이 아주 저렴했기 때문에 내가 아니라 그 어떤 쇼호스트가 해도 판매가 잘될 수밖에 없는 아이템이었다. 모르긴 몰라도 몇 만 개는 판매된 베스트셀러였다. 그런데 이 가방이 일 년 반 정도 지나면서 매출이 꺾이기 시작했다. 이런 제품은 항상 내게로 온다. 나도 잘나가는 상품을 팔고 싶지만, 경륜이 쌓이다 보니 새로 론칭하는 제품이나 어려운 제품을 떠맡는 경우가 많다.

 나는 방송할 때 한 가지 원칙이 있다. 최소한 일주일은 제품을 직접 써보고 방송한다는 것이다. 소비자 입장에서 써봐야 상품의 장점과 단점이 잘 보이고, 장단점을 살펴보아야 소비자에게 잘 설명할 수 있기 때문이다. 이때도 예외는 아니어서 트렁크를 사용해보겠다고 했다.

지금이야 트렁크를 끌고 국내 어디든 갈 수 있지만, 당시만 해도 캐리어를 끌면 외국 여행을 나가야 한다는 선입견이 박혀 있었다. 그래서 나는 겸사겸사 괌으로 가족 여행을 떠났다. 그런데 돌아오는 공항 검색대에서 가방을 열어야 했다. 검색을 마친 후 가방을 열었다가 지퍼를 잠그고 가방을 드는 순간 지퍼가 쫙 하고 벌어졌다. 트렁크 속 물건이 우르르 쏟아졌다.

"어머, 이게 뭐야?"

순간 창피했지만, 동시에 이 상품의 매출이 떨어지는 이유도 알 수 있었다. 어떻게 이런 제품이 그동안 판매가 잘되었는지 이해할 수가 없었다. 남편의 한마디가 나를 더 부끄럽게 했다.

"홈쇼핑 물건이 다 그렇지 뭐."

나는 서울로 돌아오자마자 전화로 방송을 못하겠다고 했다. 홈쇼핑에서는 보통 방송 일주일 전에 미팅을 하고 방송 상품을 준비한다. 방송은 화요일이었다. 내가 여행에서 돌아온 것이 일요일이었으니 하루 반나절 앞두고 상품을 거부하는 사태가 발생한 것이다.

그야말로 방송국이 뒤집어졌다. 업체에서는 유난희가 방송을 하면 물건이 잘 나가갈 것으로 예상해 평소보다 많은 물량을 준비했다고 했다. 만약 방송을 빼면 이에 버금가는 제품을 찾아서 넣어야 하는데, 하루 만에 상품을 찾기란 불가능했다. 업체도, MD도, PD도 짜증이 나는 상황이었다.

"유난희 씨, 샘플 물건 하나잖아요. 그것만 그럴 수도 있는데, 그것 하나 때문에 방송을 뺀다는 건 너무하지 않습니까? 지나치게 감정적이에요."

"아뇨, 못 믿겠어요. 내가 써보겠다고 했을 때는 아마 제일 좋은 제품으로 골라서 줬을 거예요. 게다가 이건 신상품도 아니잖아요. 2년째 매출이 상승하다가 자꾸 떨어지는 이유가 분명 있을 거예요. 전 그 이유를 알 것 같아요."

MD에게 실판매율(반품과 취소율을 반영하고 난 후 실제로 판매가 된 수량)을 요구했다. 실판매율이 높으면 결정 구매가 높은 것이고, 낮으면 반품이 많은 상품이다. 이 상품의 경우 실판매율이 점점 낮아지고 있었다. 나는 확신했다. 분명 문제가 있었다. 내가 방송을 거부하자 상품 개발팀과 제작팀에서 사장실에 보고를 했다. 일 년간 수만 개의 상품이 방송되기 때문에 이런 일로 사장이 하나하나 신경 쓰는 일은 거의 없었다. 나를 골탕 먹이려고 한 것이 분명했다. 그 와중에 나는 후배 쇼호스트에게 물어보았다.

일 자체가 힘든 경우는 충분히 극복할 수 있다.
하지만 사람과 엮이면 어려워진다.

흔들리는 순간,
나의 중심을 잡아주는 것은
**바로 확고한 원칙과 철칙, 그리고
냉정한 판단이다.**
그것이 바로 워킹우먼에게 필요한 자질이자
능력일 것이다.

"얘들아, 이 여행 가방 어떠니?"
"어, 선배님 그거 방송하세요? 선배님 명성에 안 하시는 게 좋을 텐데……."
"왜?"
"그거 너무 별로에요."
"뭐가?"
"제가 그걸 써봤는데, 바퀴 깨지고, 안 굴러가고, 지퍼 떨어지고, 갈라지고요. 아휴, 장난 아니에요."
"그런 걸 왜 이야기를 안 했니?"
"저희들은 그런 얘기를 할 군번이 안 돼요. 선배님이니까 방송을 안 하겠다 할 수 있는 거죠. 저희가 이야기하면 상품이 아니라 저희를 방송에서 빼버리겠죠. 하지만 선배님은 절대 그 제품 방송하지 마세요."

그동안 후배 쇼호스트들의 고충이 이해가 되었다. 많지도 않은 출연료를 받고 일하는데, 상품이 마음에 안 든다고 하면 다른 사람으로 대체해버리기 때문에 싫어도, 제품이 좋지 않아도 그냥 해야 하는 거였다. 그러는 사이 비서실에서 전화가 왔다. 사장실 호출이었다. 올라갔다. 그리고 솔직하게 이야기했다.

"클럽 노블레스의 상품은 대체적으로 고가의 상품이고, 좋은 브랜드를 판매하는 시간입니다. 물론 이 제품이 저에 대한 기대감으로 특별히 가격도 좋게 해준 것으로 알고 있습니다. 제가 매출을 노리고, 인센티브만 바라보고 한다면 충분히 할 수 있습니다. 판매하는 방법도 압니다. 명품 시간에 명품 가방이다 이야기하면 100퍼센트가 아니라 200퍼센트 매출도 올릴 수 있습니다. 하지만 냉정하게 생각했을 때 이 제품은 판매하면 안 됩니다. 내 매출과 커리어를 생각해도 방송하면 안 됩니다. 눈앞의 이익만 바라보고, 인센티브 받겠다고 이걸 할 수는 없습니다. 그리고 회사 차원에서도 방송하면 안 되는 제품입니다."

사장님은 그 자리에서 전화를 걸어 그 가방의 전환률을 가지고 오라고 했다. 그리고 데이터를 살펴보더니 방송에서 그 가방을 빼라고 했다. 그후 상품에 대해 조사가 들어갔고 바퀴와 지퍼 불량 제품 1만 개가 전량 리콜되었다.

쇼호스트인 내 역할을 생각하면 나는 팔았어야 했다. 매출도 올리고, 인센티브도 받고, 포상까지 받을 수 있는 아이템이었다. 잘 판매할 자신도 있었다. 게다가 나만 파는 것도 아니었다. 이미 2년 가까이 팔았던 제품이었다. 핑계를 대려면 얼마든지 댈 수 있었다. 하지만 이것을 과연 방송할 것인가에 대해서는 일말의 갈등도 없었다. 내 원칙으로는 결코 판매해서는 안 될 제품이었기 때문이다.

많은 소비자가 유난희라는 이름을 믿고 방송을 본다. 그리고 제품을 산다. 눈앞의 이익 때문에 신의를 저버릴 수는 없었다. 유난희라는 이름 석 자에 부끄럽지 않으려면 이성적으로, 냉정하게 판단해야 할 상황은 늘 닥친다.

"쇼호스트가 뭔데 상품을 거부해. 주는 대로 팔아야 하는 거 아냐?"

지금도 종종 이런 말을 듣는다. 아직도 적지 않은 쇼호스트가 상품이 편성되는 대로 방송하는 경우가 있다. 하지만 그나마 나라도 품질이 안 좋은 상품을 거부해야 좀 더 상품이 개선되고, 그런 업그레이드가 소비자들에게 좋은 혜택으로 돌아가고, 그것이 업체의 생명도 길어지게 하는 선순환이 된다고 믿는다.

모든 일이 사람과 연결되어 있다. 그러므로 업체가 어려우니까 내가 도와줘야지, 내가 방송을 거부하면 업체와 관계가 껄끄러워지겠지, PD와 MD 입장도 얼마나 곤란할까, 회사 매출도 줄어들 테니 방송 거부가 능사만은 아니겠지, 하고 늘 생각한다.

단순하게 받아들이면, 순간적으로 감성에 치우치면 이렇게 생각할 수 있다. 하지만 일이란 한 가지만 생각해서는 안 된다. 시청자도 봐야 하고, 업체의 미래도 생각해야 하고, 회사도 생각해야 하고, 무엇보다 나의 미래도 생각해서 판단하지 않으면 안 된다. 그래서 순간 흔들림 없이 냉정해져야 할 때가 많다. 아닐 때 아니라고 말할 수 있는 용기가 필요한 이유다.

일 자체가 힘든 경우는 충분히 극복할 수 있다. 하지만 사람과 엮이면 어려워진다. 흔들리는 순간, 나의 중심을 잡아주는 것은 바로 확고한 원칙과 철칙, 그리고 냉정한 판단이다. 그것이 바로 워킹우먼에게 필요한 자질이자 능력일 것이다.

감성보다
이성으로

"와, 제가 알던 언니 맞아요? 사람이 확 달라지니까 섬뜩하던데요. 의외의 모습이었어요."

평소 내 성격은 밝고 활기차다. 업체 사람과도 친하게 지낸다. 이 일을 오랫동안 하다 보니 그렇게 변했다. 출장도 같이 자주 다니고, 촬영 내내 미팅하고 만나다 보니 친해질 수밖에 없는 환경이기도 하다. 그런데 내가 아주 냉정해지는 순간이 있다. 바로 상품을 볼 때다. 내가 생각해도 무서울 정도다. 아마도 내가 일에 집중하기 때문일 것이다.

얼마 전 지인이 홈쇼핑 상품 아이템 선정이 어떻게 되는지 알고 싶다며 미팅에 참여하기를 원했다. 방송할 상품은 캐시미어였는데, 업체가 건네준 자료를 읽으며 함께 방송할 내용을 체크하고 있었다. 그런데 이 업체에서 준비한 자료가 아주 미흡했다. 이 업체 사람과도 무척 친하게 지내고 있었는데, 아마 부족한 부분을 내가 설명해줄 수 있다고 생각한 것 같았다.

하지만 생방송을 해야 하는 나는 어쩔 수 없이 질문을 많이 할 수밖에 없다. 방송을 오래 하다 보니 캐시미어에 대해 아는 게 많긴 하지만, 방송은 아주 작은 실수도 용납하지 않기 때문에 철저하게 준비해야 한다.

쇼호스트 초창기 시절, 갑자기 출산용품 세트가 추가된 적이 있었다. 상품에 대해 확인할 시간이 없어 바로 방송에 들어가야 했다. 그런데 내가 알지 못하는 제품이 있었다. 결혼은 했지만, 출산 경험이 없었던 나는 추측성 멘트를 하고 말았다. 목욕용 그네를 여름용 포대기라고 한 것이다. 그날 스튜디오 밖에서는 시청자 항의 전화를 받느라고 난리도 아니었다. 그렇기 때문에 나는 내가 판매할 상품에 대해 더 많은 이야기를 듣고, 확인하고, 많은 준비를 한다. 그래야 소비자를 설득시킬 수 있고, 실수를 범하지도 않기 때문이다. 그래서 알고 있으면서도 꼬치꼬치 캐묻는 경우가 많다.

"화이트 캐시미어가 있는 걸로 아는데, 맞나요?"
"……."
"모르세요? 캐시미어를 만드는 분이면 이 정도는 알고 있어야 하는 거 아닌가요? 방송 전까지 확인하셔서 연락주세요."
"알겠습니다."

나중에 회의가 끝나고, 참관했던 지인은 내가 너무나 차갑게 돌변해서 무서웠고 나중에는 쩔쩔매는 업체 사람이 불쌍해 보였다고 했다. 모르는 사람은 내가 상대를 골탕 먹이려는 것이라고 오해를 하거나 서운해 하기도 힌다. 그렇시만 일에 임하는 순간만큼은 이성적으로 업무를 처리해야 한다는 것이 내 생각이다. 내가 해이했던 부분은 그만큼 나의 책임으로 돌아오기 때문이다.

분당 매출 1억 원 기록
억 단위 분당 매출 시대를 연 주인공

자화자찬이 아니라 이런 수식어는 운 좋게 얻어걸린 것이 아니다. 일에 대해서만큼은 철저하기 때문에 얻을 수 있는 명성이라고 생각한다. 보통 업체는 자사 상품을 무조건 신뢰하고 과장해서 설명한다. 당연히 그래야 한다.

하지만 나는 그래선 안 된다. 확신과 믿음이 생기기 전까지 상품을 무조건적으로 신뢰하면 안 된다. 상대방 말만 듣고, 칭찬만 듣고 휩쓸리면 나의 방송 생명이 이렇게 길지 않았을지도 모르겠다. 그럴 때는 내가 중심이 되어서 냉정하게 그 물건에 대해 판단해야 한다.

"정말 죄송하지만, 이 품질에 이 가격은 비싼 겁니다. 홈쇼핑 소비자가 이 정도 품질을 이 가격에 살 것이라고 생각하시면 곤란합니다."

자사 제품이 품질 좋고 싸다고 열심히 홍보하는 업체에게 내가 이런 이야기를 하면 실내는 찬물을 끼얹은 듯 싸늘해진다. 하지만 상대에게 상처가 되지 않을까 하는 염려에 해야 할 말을 하지 않는다면 그것도 문제다. 항상 웃는 얼굴, 좋은 말만 한다고 일 잘하는 사람은 아닌 것이다.

간혹 업체나 MD가 내 기준에 흡족하지 않은 제품을 들고 와서 무조건 팔아달라고 하는 경우가 있다. 그러면서 "유난희 씨가 팔면 잘 팔릴 거예요"라고 한다. 나는 이 말이 부담스럽다. 그리고 싫다. 상품에 대한 자부심도 없고, 소비자를 생각한 제품도 아닌, 그저 돈을 벌기 위한 상술이기 때문이다.

나는 무척 눈물이 많다. 드라마나 영화를 보면서 자주 운다. 심지어 만화 영화를 보면서 울기도 한다. 다큐멘터리는 아예 대놓고 펑펑 운다. 감성적인 면이 아주 풍부하다. 하지만 감성이 풍부한 것과 감정적인 것은 다르다.

나는 일에 있어서는 아주 냉정하다. 칼 같다. 당연하다. 영화는 분석할 필요가 없다. 영화평론가도 아니니 분석하고 비평할 필요가 없는 거다. 그냥 편하게 내려놓고 보면 된다. 그렇기 때문에 충분히 감성적이 될 수 있다. 그러나 내 일을 그렇게 했다간 일 못하는 사람으로 낙인찍히기 십상이다. 일할 때는 분석적이고 치밀해야 한다. 이성적으로 생각해야 한다.

성격 테스트를 하면 항상 '이성'과 '감성'이 딱 절반으로 섞인 타입으로 나온다. 감성과 이성이 왔다 갔다 히먼시 작동하는 것이다. 그렇다 보니 어떤 때는 내가 어떤 형의 인간인지 구분이 안 된다는 사람이 많다. 그렇게 살면 피곤하지 않느냐고 묻는 사람도 있다. 100퍼센트 이해받을 수 없겠지만, 굳이 이해받기를 원하지도 않는다. 워킹우먼이라면 당연한 자세라고 생각하기 때문이다.

로마 신화에 나오는 문의 수호신 '야누스'의 얼굴이 두 개인 것은 과거를 보지만 동시에 미래를 보기 위해서라고 한다. 일을 할 때 나의 얼굴도 마찬가지다. 과거를 반추하며 더 나은 미래를 위해 현재를 바라본다. 야누스처럼 싸우고 화해하고, 의심하고 풀고, 일하고 사랑하면서 이 세상을 뚫고 나간다.

냉정하게, 하지만 열렬하게.

감정은 실수를 부른다

쇼호스트가 가장 크게 실수할 때가 있다. 바로 상품이 대박이 났을 때다. 방송이 잘되고, 상품이 많이 팔리면 쇼호스트는 포상을 받는다. 하지만 많이 팔린다고 흥분해서는 곤란하다. 오히려 침착해지고 냉정해져야 자신의 커리어를 지킬 수 있다. 많이 팔린다는 것은 많은 사람이 지켜보고 있다는 의미고, 그럴수록 상품의 문제가 드러날 기회 또한 많다는 말이다. 그런데 많은 쇼호스트들이 한번 방송한 상품에 대해서는 이미 그 상품에 대해 잘 아는 것처럼 생각하고 공부하기를 게을리 한다. 상품이 많이 팔리면 검증이 되었다고 생각하고 더는 파고들지 않으려고 한다.

그러나 의심이 많은 성격 탓인지 오랜 습관 탓인지 나는 물건이 잘 나가면 오히려 한 번 더 생각하고 질문하는 버릇이 있다. 화장품에 어떤 성분이 들었기에 피부가 갑자기 좋아지는 것일까? 어떤 경로로 만들었기에 이렇게 싼 것일까? 하다못해 촉박한 시간 동안 많은 물량을 어떻게 준비할 수 있는지 질문을 해야 한다. 나는 상품 론칭 방송을 할 때 하나부터 열까지 질문한다면 다음 방송이 잡혔을 때에는 거기에 더해 두 배 세 배 공부하고 준비해서 따져가며 질문한다.

오래전 일이다. PD가 이탈리아제 P브랜드리며 고드를 보여수었다. 품질도, 가격도 괜찮았다. 아니나 다를까 그 상품은 완전 대박이 났다. 처음에는 코트가 너무 예뻐서 마음에 들었던 나도 물건이 잘 나가자 순간 '이탈리아 제품인데 어떻게 이렇게 쌀 수가 있지?'라는 생각이 들었다. 그래서 MD와 업체 사람들에게 P브랜드의 생산 공장을 한번 방문하자고 했다. 그런데 이런 저런 핑계로 차일피일 미루기만 했다. 결국 단독으로는 안 되고, 다른 촬영과 함께 묶어서 해외 출장을 가게 되었다.

이탈리아에 도착해 하루 날을 잡아 P브랜드 공장을 방문했다. 그런데 공장에는 홈쇼핑에서 판매 중인 코트는 보이지 않고, 넥타이만 걸려 있었다. 당황한 우리는 업체에 확인하려고 했지만, 아무도 아는 사람이 없었다. 이상하다고 생각했지만 확인할 수가 없어 할 수 없이 공장에서 철수했다. 우리는 매장이라도 촬영하기 위해 시내로 돌아왔다. 업체에서 P브랜드의 숍이라고 안내한 곳은 광장 안쪽에 있는 골목에 있는 작은 편집 매장이었다. 아무리 돌아봐도 P브랜드 상품은 보이지 않았다.

할 수 없이 마네킹에 방송할 제품을 걸어 놓고 촬영하고 있는데, 마침 웬 여자가 성큼성큼 걸어 들어오더니 다짜고짜 촬영하고 있는 옷을 가리키며 마음에 든다고 당장 사야겠다고 했다. 외모를 비하하자는 의도는 아니지만, 그 여자는 우리나라 돈으로 50만 원이 넘는 코트를 살 것 같은 차림새가 아니었다. 게다가 그 코트는 그녀에게 어울리지도 않았다. 그 편집숍 주인이 VIP 고객이라며 코트를 팔아야 한다기에 우리가 촬영하던 옷을 마네킹에서 벗겨서 건넸다. 그러자 그녀는 지갑을 열고 현금을 다발로 꺼냈다. 외국을 많이 다녀본 사람은 알겠지만, 외국인이 현금을 다발로 들고 다니는 경우는 보기 드문 일이다. 대부분 개인수표나 카드를 사용한다. 그 순간 나는 확실하게 깨달았다.

'아, 업체가 라이선스만 빌렸구나. 생산 공장에서의 모습도 그렇고, 코트는 이탈리아가 아닌 다른 곳에서 만든 거구나. 그리고 이 상황은 모두 업체가 연출한 쇼구나.'

우리는 촬영을 접고 밖으로 나왔다. 광장에 앉아 담배를 피우고 있던 여자는 우리를 보더니 코트가 담긴 쇼핑백을 들고 다시 그 편집숍으로 들어갔다. 반납을 하러 가는 것이었다. 그녀는 심부름꾼이었던 것이다.

한국으로 들어오자마자 나는 사장님에게 면담을 신청했다. 문제가 있는 상품인 것 같으니 더 이상 방송해서는 안 된다고 말씀드렸다. 그 물건을 담당한 MD를 불러 확인을 해보아야 한다고 했다. 그러나 워낙 판매가 잘되던 상품이었고, MD 역시 사장의 신뢰를 받고 있던 사람이었기 때문에 별 다른 지시사항이 떨어지지 않았다. 결국 나는 내 선에서 그 상품의 방송을 거절하기 시작했다. 만약 상품을 팔고, 내가 돈을 벌 생각만 했다면 결코 할 수 없는 일이었다. 그러나 나는 지금 당장보다 소비자, 그리고 나의 미래가 더 중요했다.

그렇게 시간이 흘러 회사에 염증을 느꼈던 나는 나의 성장을 위해 프리랜서를 선언하고 회사를 그만두었다. 그렇게 일 년 가까운 시간이 지났다. 그런데 어느 날 뉴스에서 '모 홈쇼핑에서 판매한 명품, 알고 보니 가짜'라는 뉴스가 크게 터졌다. P브랜드에 대한 뉴스였다. 결국 담당 MD는 회사에서 해고되었고, 홈쇼핑 역시 커다란 이미지 타격을 입었다.

이런 일도 있었다. 90년대 후반쯤이었던 것으로 기억한다. LG홈쇼핑에서 일할 때였다. 한 업체에서 프라다 가방을 판매하겠다고 찾아왔다. 백화점 판매 가격이라고 해도 홈쇼핑에서는 12개월 무이자 할부가 되기 때문에 대단한 가치가 있는 일이었다. 모두가 들떴다. 업체와 미팅을 하는데, 판매 상품 네 개 중 두 개는 제품이 아닌 이미지 사진만 있었다. 통관이 늦어지고 있다고 했다. 언제 도착하냐고 물었더니 방송 당일에 물건을 볼 수 있다고 했다. 충분히 그럴 수 있는 일이라서 믿음이 갔다. 회사에서는 '홈쇼핑 최초의 프라다 방송'이라며 홍보를 했고, 뉴스에까지 나올 정도로 이슈가 되었다.

방송 당일이 되어 제품을 보기 위해 일찍 집을 나섰다. 업체와 미팅을 하고, 제품을 보는 순간 "어, 이거 진짜 아닌 것 같은데요?"라고 하자 업체에서는 무슨 말도 안 되는 소리냐는 듯 기분 나쁜 표정을 지었다. 어디를 봐서 가짜인지 자세하게 설명하라고 하면 나도 할 말이 없다. 그러나 평소 방송 때문에 내게 당장 필요가 없더라도 명품을 사서 쓰기도 하고, 가짜를 사서 쓰기도 하는 나였다. 물건을 보는 순간 감이 왔다. MD를 불렀다.

"수입 통관증명서 확인했니?"

"네. 확인했어요. 뭐가 문제예요, 언니?"

"뭐라고 딱 꼬집어서 말할 수는 없지만, 나 이거 팔 자신이 없어. 확신이 안 서. 물론 진짜일 수 있지만, 가짜 아닌가라는 의심이 드는 것 자체가 마음이 불편해. 마음이 불편해서 방송 못하겠어."

방송 한 시간 전이었다. 순간 생방송 준비실 분위기는 엉망이 되었다. 예고까지 나갔던 방송을 펑크내야 하는 상황이었기에 본부장에게까지 보고해야만 했다. 이번에는 본부장이 내 편을 들어 줬다. 방송을 중단하고, 시청자들에게는 통관이 늦어진다는 핑계로 사과를 했다. 일주일 뒤 본부장이 나를 불렀다.
"유난희 씨. 유난희 씨 말이 맞았고, 제품에 문제가 있었어요. 그 상품은 판매를 안 하기로 했어요."
내가 들은 말은 딱 거기까지였다. 그 제품이 가짜였는지, 물건을 수입하는 업체도 다른 사람에게 속았던 것인지 어떤지는 지금까지 알지 못한다.
프라다 가방과 유사한 케이스로 크리스찬 디올에서 발매했던 청바지 패턴을 이용한 가짜 숄더백 사건도 있었다. 나는 물건을 보자마자 그게 가짜인 것을 바로 알아차렸다. 그래서 방송을 중단했지만, 다른 홈쇼핑에서 그 가방을 방송했고, 역시 문제가 되었다.
이런 일은 홈쇼핑 세계에서 흔히 발생할 수 있다. 내가 공부하지 않고, 항상 깨어 있지 않으면 나를 속이려고 드는 사람은 너무 많다. 가방이나 옷을 보고 예쁘다고 말하고 감탄하는 것은 일반인도 할 수 있다. 하지만 쇼호스트는 단순히 예쁘다고 감탄하는 사람이 아니라 이 상품이 왜 예쁜지를 설명해줄 수 있는 사람이 되어야 한다. 쇼호스트라는 직업은 특수하기 때문에 기본적이고 전문적인 상품 지식은 물론 경험에 의한 다양하고 풍부한 지식을 가지고 있어야 한다.

  나 역시 명품 쇼호스트로 인정받는 것에 우쭐하고, 돈을 많이 버는 것에만 만족했다면 지금의 나는 없었을지도 모른다.

인생의
터닝 포인트

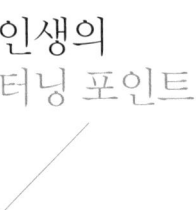

　기회는 언제 찾아올까? 그걸 알 수 있다면 우린 모두 운이 좋은 사람이다. 다 같이 성공할 수 있을 것이다. 기회란 철저하게 준비된 사람에게만 찾아온다.
　방송 아카데미에서의 일이다. 6개월이라는 교육 기간 동안 내게는 다른 동기들이 한 번씩은 해본 리포터 일을 할 기회조차 없었다. 결국 그렇게 수강 기간이 끝났다. 우울하고 자신감도 없어졌다. 왜 내겐 기회조차 오지 않을까? 교육이 끝나서 더 이상 아카데미에 나갈 일도 없었다. 그러던 어느 날 아카데미 실장에게 연락이 왔다.
　"리포터 한번 해볼래?"

그 말은 내가 그때까지 세상에서 들어본 가장 아름다운 천상의 목소리였다. 드디어 내게도 기회가 찾아온 것이었다. 어떻게 하지 않을 수가 있겠는가. 무조건 하겠다고 했다.

"잘해야 해. 너에게 온 첫 번째 방송 기회야. 잘하면 KBS에 특채될 수도 있어."

나의 첫 방송은 대망의 한강 개발 사업이 끝나는 날을 기념하는 KBS 토요일 쇼 프로그램의 축하 무대 현장 리포팅이었다. 남한강과 북한강이 만나는 충주댐에서 진행하는 현장 리포팅이었다. 첫 리포팅치고는 중요도가 높았고, 시청률이 높은 기획 프로그램이었다. 담당 PD는 당시 토요일 밤 쇼 프로그램을 담당하는 최고의 PD였다. 촬영을 떠나기 전 사전 미팅을 하는데 분위기가 이상했다.

"유난희? 학생? 대학교 3학년이네. 리포터 해본 적 있어요?"

"아니요······. 처음입니다."

살짝 기어들어가는 목소리로 말했다.

"경험이 없어? 이거 큰 기획 프로인데······."

담당 PD는 옆에 앉은 작가에게 당황스럽다는 듯이 물었다. 순간 나는 불안한 기운을 느꼈다.

"아, PD님. 이 친구랑 또 한 친구를 추천받았는데, 경력 있는 친구가 다른 방송이랑 겹쳐서 지방 촬영은 못 간대요. 지방 출장

갈 수 있는 리포터가 많지 않은데, 그냥 이 친구로 가죠. 이 친구도 괜찮을 것 같은데, 어떨까요?"

그랬구나. 나에게만 기회가 온 줄 알았는데 사실 나는 다른 친구의 대타였던 것이다.

"그래도 그렇지 다른 리포터 없어? 그렇다고 경험이 하나도 없는 친구를 쓰는 건……."

대타든 뭐든, 가만히 있다가는 탈락될 수도 있다는 생각이 들었다. 그 순간 어디서 그런 용기가 났는지 모르겠다.

"저…… 말씀 중에 죄송합니다. 방송국 리포터를 직접 해본 적은 없지만 열심히 잘해보겠습니다."

내게 처음 주어진 방송국 리포터 기회였다. 이 기회를 최대한 활용하겠다는 생각밖에 없었다. 그렇게 나는 첫 리포터 기회를 움켜쥐었다. 기회를 발견했다면 일단 잡아야 한다. 우물쭈물하면 기회는 저만치 달아나버린다. 지나가고 난 뒤에는 아무리 잡으려고 해도 잡을 수가 없다. 기회를 잃고 싶지 않다면 망설이지 말고 먼저 행동해야 한다.

또 하나는 기회는 사람이 가져다준다는 점이다. 롯데백화점 방송실에 입사하고 3년의 시간이 흘렀을 때였다. 3년의 시간 동안 아나운서 시험에 도전하고 실패하고 또 도전하고 실패하기를 반복하며 자신감이 엷어졌을 때였다. 정확하게 표현하면 자신감을 상실했다기보다 현실을 냉정하게 파악해야 한다는 사실이 더 깊이 다가왔다. 나에 대한 자신감과 자존감, 나에 대한 무한한 신뢰도 좋지만 현실의 벽을 넘지 못한다면 과감하게 포기할 줄도 알아야 한다는 생각이 들었다. 그런데 어느 날 방송 아카데미에서 방송 언어 교육을 담당했던 당시 KBS 아나운서실의 김상준 아나운서 부장님으로부터 전화가 걸려왔다.

"난희야, 잘 지내니? 사내방송 일은 잘하고 있니?"

방송 아카데미 아나운서반 원생들의 방송국 진로를 위해 많은 가르침을 주셨던 김상준 선생님은 원생 한 사람 한 사람에 대한 애정이 높았다. 그리고 그들의 취업을 위해 많은 가르침을 주셨다. 선생님은 특히 내가 방송국 시험에 합격하지 못한 것을 많이 안타까워 하셨는데, 가끔 나의 안부를 물으면서 기회를 버리지 말고 틈틈이 방송국 입사 준비를 하라고 하셨다.

"네, 선생님 잘 지내고 있어요. 이곳에서 근무한 지 벌써 3년이 됐어요. 그런데 아무래도 이젠 방송국 시험을 볼 기회가 없을 것 같아 패션 공부하러 프랑스로 유학 가려고요."

더 늦기 전에 패션 공부를 하러 떠나려고 마음먹고 있던 때였다. 물론 부모님께는 말하지 않았다. 그러잖아도 얌전히 시집이나 갔으면 하셨던 부모님께 또 회사를 그만두겠다는 말을 할 수 없었다. 게다가 결혼해야 할 나이에 프랑스로 여자 혼자 유학을 떠난다는 말씀은 더더욱 드릴 수가 없었다. 혼자 그렇게 유학 준비를 하고 있었다.

"그래? 방송국에 대한 미련이 없는 거니? 이젠 포기한 거야?"

"아니 포기한 게 아니고요. 이제 제 나이가 방송국 신입 아나운서 시험에는 지원 자격조차 안 되더라고요."

"난희야. 그래서 내가 너한테 전화한 건데, 너 케이블TV라고 들어봤니?"

"네? 케이블TV요? 잘 모르는데요."

"우리나라에 삼사 년 후면 케이블 방송이 시작될 거야. 지금은 KBS와 MBC 같은 지상파 방송밖에 없지만 유선망을 통해서 다양한 내용의 방송을 전송하는 채널이 생겨. 케이블 방송을 본격적으로 시작하기 전에 나라에서 한국통신 망을 통해서 시험 방송을 할 거란다. 그곳에서 아나운서를 모집하는데 방송 경험이 있는 사람을 뽑아. 그건 나이 제한도 없으니 한번 원서를 넣어보는 게 어떨까?"

아마 선생님은 방송국 아나운서로 입사하지 않은 모든 원생에게 전화하셨을 거다. 그러나 케이블TV에 대한 정보가 전혀 없던 나는 선생님의 말씀을 들어도 감흥이 일지 않았다. 아는 방송국이라고는 KBS, MBC가 전부였다. 그러니 선생님이 말씀하신 케이블TV라는 방송은 그냥 유선방송으로 음악을 전송하는 작은 방송국 정도로만 생각했다. 선생님은 KBS 사내 게시판에 공시된 정보를 보고 내가 생각나 전화를 했다고 하셨다. 김상준 선생님이 아니었으면 국영 방송국 사내 게시판에 올라온 채용 정보를 내가 어떻게 알 수 있었겠는가. 나는 아는 것은 없었지만, 김상준 선생님을 신뢰했고 전화를 받은 원생 중 한 사람이라고 할지라도 나를 잊지 않으신 것만으로 감사했다. 비록 큰 방송국이 아닐지언정 내게 정보를 준 선생님 말씀 하나만 믿고 나는 원서를 넣겠다고 약속했다.

사람을 신뢰하면 생각지 못한 큰 선물을 가져다준다. 그때는 잘 몰랐지만, 지금 와서 생각하니 내가 쇼호스트로 일을 시작한 계기가 그때라는 생각이 든다. 살다 보면 인생의 터닝 포인트가 되는 시점이 있다. 그리고 삶의 방향을 바꾸게 할 사람도 만나게 된다. 그 사람이 누구인지, 그 시점이 언제인지는 아무도 모른다. 그런 인생의 기회가 내게는 1991년 봄, 선생님에게서 걸려온 한 통의 전화였던 셈이다.

인생에서 모든 사람에게 찾아온다는 기회를 어떻게 놓치지 않고 잡을 수 있을까? 방법은 의외로 간단하다. 모든 기회는 사람으로부터 오는데 그저 당신을 믿어주는 사람을 신뢰하면 된다. 한 치의 의심 없이.

우리는 살면서 많은 기회를 접한다. 그것이 기회인지도 모르고 놓치는 경우도 있고, 기회인 줄 알면서 우물쭈물 망설이다가 놓쳐버리기도 한다. 기회를 잡기 위해서 무언가를 포기해야 하는 경우도 있다. 기회가 찾아왔더라도 그 기회가 내게만 찾아온 거라고 착각해서는 안 된다. 같은 기회를 발견한 사람들이 기회를 잡을 것인가 말 것인가 이리저리 재며 망설이고 있을 수도 있다. 어쩌면 그중 망설임을 가장 빨리 끝내고 판단한 사람만이 기회를 잡을 수 있는 건지도 모르겠다.

    그러므로 생각하기보다 행동하자.

    그 누구보다 먼저, 당신의 꿈을 위해.

열정과
냉정 사이

39쇼핑 간판스타 유난희

    1995년, 39쇼핑의 시작과 함께 나의 쇼호스트 인생도 시작되었다. 회사는 39쇼핑에 1등으로 입사한 나를 언론에 엄청 홍보했다. 그랬던 내가 1998년, 괘씸죄로 두 달 가까이 방송 출연 정지라는 징계를 받았다. 순전히 내가 이성적이지 못해 일어난 일이었다.

    당시 외국계 회사에는 연봉제가 있었지만, 국내에는 연봉 개념이 없었다. 연봉제를 도입하긴 했지만, 처우는 지금과 달리 너무나 열악했다. 의료보험은커녕 아무런 복지 혜택도 없었고, 하다못해 가장인 남자 직원들도 은행 대출이 어려웠다. 당연히 퇴

직금도 없었다. 금액만 정해두고 나누기 12개월을 하는, 무늬만 연봉제였다. 쇼호스트들도 연봉으로 계약했는데, 등급별로 시급을 계산한 금액이었다. 1등급은 시간당 4만 3천 원, 2등급은 3만 원 정도인 식이었다.

3월은 연봉 계약이 시작되는 달이었는데, 1등급과 2등급인 쇼호스트들이 모여 일을 냈다. 파업을 모의한 것이다. 당시 한국은 IMF로 경제가 엉망이었지만, 홈쇼핑은 성장가도를 달리고 있었다. 39쇼핑도 흑자였다. 그런데 회사는 직원들의 임금을 동결하고자 했다.

지금이야 홈쇼핑에 연예인도 출연하지만, 그때는 쇼호스트만 방송을 했다. 쇼호스트가 파업을 하면 방송이 펑크가 나는 상황이었다. 한마디로 이런 힘을 이용해 파업을 하겠다는 것이었다. 당시 나는 출산휴가 중이었는데 한 후배로부터 전화가 왔다.

"언니, 우리가 나서야 아래 등급인 사람들의 처우도 개선되지 않겠어요? 다른 스태프들도 우리가 파업하면 뒤에서 밀어준다고 했어요. 같이 하실 거죠? 언니 같은 사람이 동참해줘야 우리가 이길 수 있어요."

그들은 처우 개선 방안을 서류로 만들어 왔다. 내용을 읽어보니 연봉 200프로 인상, 의료보험 적용 등을 내세우며, 이런 조항이 받아들여지지 않을 경우 방송을 거부한다는 것이었다. 계약은

한 명씩 불러서 하기 때문에 배신자가 나오면 안 되니까 방을 하나 얻어서 합숙을 하자는 의견까지 나왔다. 그러나 나는 출산한 지 얼마 지나지 않은 상태라 합숙을 할 수가 없었다.

"그래, 너희들 뜻이 그렇다면 서로 믿고 한번 해보자."

연봉 계약이 시작되는 3월에 나도 복귀 예정이었다. 회사에서 계약을 하자며 연락이 왔다. 계약 조건은 시간당 4만 5천 원. 지난해와 달라진 것이 거의 없었다. 그 상황에서 내가 할 수 있는 건 아무것도 없었다. "네, 알겠습니다. 생각해보겠습니다"라는 말 외엔. 그리고 집으로 돌아왔다. 그리고 며칠 뒤 고려진 선배에게서 전화가 왔다.

"난희야, 너 계약했니? 안 했니?"

"아직 안 했는데, 곧 해야죠."

"너희들 파업하기로 했다며? 빨리 나와서 계약해. 이상한 짓 하지 말고."

어리둥절했다. 선생님께서 어떻게 아셨을까? 아니, 회사에서 어떻게 알았을까? 파업에 돌입한 걸까? 깜짝 놀라서 회사로 나가보니 함께 일을 도모했던 후배들 몇 명은 이미 계약을 했고, 거기에 동참했던 다른 몇 명은 낙동강 오리알 신세가 되어 있었다.

사건의 전말은 이랬다. 주동자들이 먼저 발설하고, 먼저 계약해버린 것이다. 그러니 회사는 주동자를 전혀 의심하지 않았고,

대신 다른 사람들이 의심을 받고 있는 상태였다. 회사는 출산 휴가 중이던 나를 의심하지는 않았지만, 내가 거기에 가담했다는 것은 알고 있었다. 질문 공세를 받았다.

"유난희 씨, 유난희 씨가 아니라는 것은 압니다. 주동자가 누군지 말씀하세요."

"말씀 못 드립니다. 말씀을 드릴 이유도 없지만, 말씀드려봤자 믿지도 않으실 거예요."

"OOO 씨죠?"

"그 사람 아닙니다."

나는 괘씸죄에 걸렸다. 회사에서 나를 간판스타로 밀어주고 있었고, 다른 사람들에 비해 연봉도 높게 받고 있던 터였다. 회사 입장에서는 당연히 내게 거는 기대가 컸다. 주동자 밝히기를 거부하자 회사에서는 방송 출연 정지라는 패를 꺼내들었다. 당시 나와 고려진 선배가 방송의 절반 가까이를 맡고 있어서 방송 출연 정지는 한 달 반 만에 풀렸다. 그러나 그 일로 인해 내가 받은 상처는 컸다. 사람에 대한 배신감 때문이었다. 그리고 나의 행동에 대해 냉정하게 되돌아볼 수 있는 계기가 되었다.

당시 나는 이성적으로 사고하지 못했다. 간판스타라는 우월감에 젖어 있었던 건지도 모르겠다. 혼자 으쓱했고, 그래서 나보다 열악한 상황에 있는 그들을 동정했는지도 모르겠다.

'그래, 내가 그들을 도와줘야 해.'

하지만 결론적으로 나의 행동은 그들을 돕지도 못했고, 내게 이롭지도 않았으며, 회사에 도움이 되는 것도 아니었다. 정말 그들을 돕고 싶었다면 파업을 일으키겠다는 그들을 설득해 다른 방법을 시도했어야 했다. 나의 짧은 생각 때문에 치른 대가는 컸다. 나에 대한 회사의 신뢰도가 추락했고, 동료의 배신을 경험했다. 결정적으로 사람에 대한 불신을 평생 가지게 되었다.

그 사건이 있고 나서 회사가 내게 제시한 조건은 두 가지였다. 한 가지는 지난해와 같은 조건, 즉 일 년간 임금 동결이고, 또 한 가지는 처음에 제시했던, 쥐꼬리만큼 인상한 연봉과 6개월 단발 계약이었다. 나는 주저 없이 후자를 선택했다. 그리고 6개월 뒤 깨끗하게 사표를 냈다. 인간에 대한 배신감으로 받은 상처가 너무 컸기 때문이었다. 감정에 휘둘려 행동한 대가였다.

이 일을 내 인생의 가장 큰 실수 중 하나로 기억한다. 그러나 나는 당시 내 행동을 후회하지 않는다. 얻은 게 많기 때문이다.

열정과 냉정 사이.

나는 이 두 단어를 아주 좋아한다. 사람들은 나를 열정의 아이콘으로 생각하지만, 열정 속에 냉정이 없다면 결코 성공을 향해 나아갈 수 없다. 결국 온도만 다를 뿐이지 냉정이나 열정은 똑같은 단어라고 생각한다.

젊었을 때는 열정에 들뜨고, 감정적이고, 정의롭게 행동하려 한다. 젊은 사람이 자기 이익만 챙기며 지나치게 현실적이고 감정을 드러내지 않으면 자칫 드라이한 사람처럼 느껴져 매력이 없다. 하지만 시간이 지나고 나이가 들면 누구나 조금씩 자연스레 차분해진다. 사람을 판단하고 현실을 객관적으로 바라보는 시선이 생겨난다. 저절로 생기지 않으면 스스로 만들어야 한다. 내가 더 상처받지 않기 위해서라도 말이다.

냉정과 열정, 어느 한쪽으로도 치우치지 말아야 한다. 감정적으로 행동하고 이성적이지 못해 더 쉽게 상처받았던 젊은 시절의 나에게로부터 배운 교훈이다.

부러우면
지는 거야

부러우면 지는 거야.

한때 유행했던 말이다. 공감이 간다. 일하면서 나도 이런 생각을 참 많이 했다.

울면 지는 거야,
흥분하면 지는 거야,
화내면 지는 거야,
약해 보이면 지는 거야······.

일하다 보면 힘든 경우가 많이 생긴다. 내가 실력을 쌓아 잘나가면 잘나갈수록 시기와 질투가 뒤따랐다. 능력을 인정받고 그에 합당한 대우를 받을수록 억울한 경우가 생겨났다. 하지만 이럴 때마다 일일이 화내고, 흥분하고, 따지고, 사건의 앞뒤를 밝히려 들면 본인만 힘들어질 뿐이다. 결국 일의 결과는 실력으로 말하는 것이기 때문이다.

어느 정도 경력이 쌓이자 홈쇼핑에서 파트장을 맡게 되었다. 파트장이 일 중에는 쇼호스트 캐스팅도 포함되어 있다. 쇼호스트를 프로그램에 맞게 배정하고 편성팀에 넘기는 일이었다. 그런데 내가 하는 프로그램마다 매출이 잘 나오자 좋은 매출이 나오는 시간대에 나 자신을 캐스팅한다는 소문이 돌았다. 어이가 없어서 매출이 잘 안 나오는 새벽방송을 맡아 프로그램을 진행했다. 그래도 매출이 잘 나오자 이번에는 상품이 좋아서라는 소문이 돌았다. 기가 막혔다. 쓸데없이 불쾌한 오해를 받고 싶지 않아 다른 사람에게 캐스팅 업무를 넘겨버렸다. 뒤에서 나를 모함하던 사람들의 험담이 쑥 들어가버렸다.

이런 일은 직장 내에서 비일비재하다. 남자가 일을 잘하면 잘하는 것인데, 여자가 일을 잘하면 상사에게 잘 보여서라거나 독종이라거나 운이 좋다고 치부해버리거나 구설수에 오를 만한 일을 했을 거라고 생각한다. 내가 힘들게 노력해서 얻은 결과를 한

순간에 뒤집어버린다.

그런데 이런 일에 하나하나 응대하면 나 자신이 피곤하고 힘들다. 이런 일을 당할 때마다 나는 묵묵히 내 할 일만 했다. 내 몫으로 배정받은 일을 하는 것만으로도 눈코 뜰 새 없이 바쁠 지경이었다. 그런 소문에 일일이 신경 쓸 겨를이 없었다. 알고도 모른 척 넘어갔다. 나는 내 일을 즐길 수 있는 것만으로 만족했다. 순간순간 열심히 하는 것으로 충분했다. 시기와 질투를 받아도 이겨내는 것은 결국 실력이다. 내가 당당하다면 결국 진실은 밝혀지기 마련이다. 사실 실력이 있으면 남을 시기하고 질투할 일도 없다. 그렇게 열심히 일하다 보니 어느새 나에 대한 험담과 소문도 사라지고 있었다.

나는 39쇼핑에 입사하고 반년 뒤 임신을 했다. 그것도 쌍둥이를. 몸집도 작은 내가 쌍둥이를 임신했으니 몸은 엉망이고, 입덧이 너무 심해 한 달간 입원하기도 했다. 먹는 것마다 다 토해서 링거를 맞으며 견뎌내야 했다. 그래도 나는 이를 앙다물고 방송을 했다. 편한 시간대로 스케줄을 옮겨달라고 하지 않았다. 회사 측에서 낮시간대 방송으로 바꿔준다고 했지만, 내가 거절했다. 그냥 남들과 똑같이 새벽 스케줄도 소화했다. 임신해서 진행할 수 없는 패션을 빼놓고 배정되는 대로 모든 프로그램을 다 맡았다. 낮에 일이 끝나면 임신한 몸으로 시장 조사에 나섰다.

쌍둥이는 4~5개월만 지나도 일반 임산부의 만삭 때와 비슷하게 배가 불러온다. 몸도 무거워진다. 뱃속에 두 명이 있으니 어쩔 수가 없다. 그렇다 보니 10분만 걸어도 다리가 붓고, 숨이 차다. 20분을 걸으면 다리의 핏줄이 터진다. 그래도 나는 부른 배를 감싸 안고 시장 조사를 다녔다. '임신하더니 적당히 일한다', '매출 좀 높게 나오니까 건성건성 일한다', '역시 여자는 임신을 하면 어쩔 수가 없다', 이런 말을 듣고 싶지 않았다.

니는 능력으로 인정받자는 주의다. 실력을 키우면 나약한 소리를 하지 않아도 된다. 어떤 일 앞에서도 당당할 수 있다. 큰 사고를 내지 않는 한 함부로 해고도 하지 못한다. 그리고 나는 절대 다른 사람 앞에서 울지 않았다. 울어도 남들이 없을 때 혼자 울었다. '이래서 여자는 안 된다니까'라는 말을 듣고 싶지 않았기 때문이다.

이런 어려움은 가정에서도 마찬가지로 겪는다. 아무리 회사에서 힘들어도, 집에서 힘들어도, 나는 가족에게 힘든 내색을 하지 않는다. 내가 즐거워서 하는 일인데, 힘들다고 징징거려봤자 좋게 들어줄 사람도 없다. 오히려 내 불만이 부메랑처럼 돌아와 일을 그만두라는 소리만 들을 뿐이다.

일에서는 내 감정을 최대한 자제해야 한다. 회사에서 힘들었던 일을 가정에 가져가서도 안 되고, 집에서 힘들었던 일을 회사로 가져가는 것도 안 된다. 자신의 감정이 다른 사람에게는 피해가 되기 때문이다. 더군다나 누가 시켜서 하는 일도 아니고, 내가 좋아서 하는 일이라면 더욱 그렇다.

  사람들은 성공한 사람의 보이는 면만 보고 부러워한다. 화려한 면만 본다. 하지만 각자의 면면을 살펴보면 그 자리에 오르기까지 힘들게 견디며 많은 어려움을 이겨내 왔다는 것을 알 수 있다. 좋은 점만 보고 부러워하기보다는 장점을 자기 것으로 만들려고 하는 마음이 중요하다. 부러우면 지는 거니까.

부질없다,
일희일비

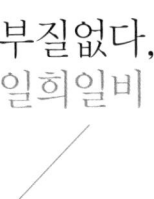

나는 호기심이 많은 인간이다. 궁금한 것이 있으면 풀고 지나가야 직성이 풀린다. 감성적인 면도 있다. 게다가 행동력도 있다.

호기심+감성+행동 = ?

이 세 가지를 더하면 어떤 답이 나올까? 아마 사건, 사고가 아닐까? 하지만 다행히 나의 이런 호기심은 나를 좋은 방향으로 이끌어주었다. 일에 대한 호기심은 나를 공부하게 했고, 도전하게 했으며, 의욕을 불태우게 했다. 하지만 때론 의욕만 지나치게 불타올라도 문제가 생기는 법이다. '코렐 사건'은 지금도 홈쇼핑 세계에서 회자되는 유명한 일화이다.

미국 수입 도자기 브랜드인 코렐을 판매하던 날이었다. 20만 원에 달하는 고가 세트였으므로 방송의 전반적인 분위기는 우아하게 흘러가고 있었다.

깨지지 않는 아름다움

코렐의 메인 홍보 카피를 이야기하는데 갑자기 머릿속에 '진짜 깨지지 않을까?'라는 호기심이 발동했다. 방송 전에는 한 번도 던져보지 않았기 때문에 이 제품이 깨지는지 아닌지 전혀 알 수가 없었다. 한 번 떠오른 생각은 도무지 사라질 기미를 보이지 않았고, 소비자도 나처럼 궁금해하고 있을 것이라는 생각이 들었다. 급기야 나는 접시를 던져보기로 했다. 도저히 궁금증을 참을 수가 없었던 것이다.

"여러분, 이 접시가 정말 깨지지 않는지 궁금하지 않으세요? 제가 직접 눈으로 확인시켜드리겠습니다. 자, 잘 보세요. 제가 바닥에 한번 던져볼게요!"

"유난희 씨, 정말 하려고요? 그거 한 번도 던져본 적 없는 제품이에요."

담당 PD의 다급한 소리가 이어피스를 통해 들려왔다. 하지만 나는 접시를 들고 원반처럼 스튜디오 바닥을 향해 휙 던졌다.

"땡그랑!"

바닥에 떨어진 접시는 뱅글뱅글 돌기만 할 뿐 깨지지 않았다. 순간 안도와 함께 나의 호기심도 풀렸고, 깨지지 않아서 무척 기뻤다. 동시에 주문 콜 수도 오르기 시작했다. 담당 PD의 흥분한 목소리가 이어피스를 통해 들려왔다.

"역시 유난희 씨입니다. 던져서 보여주니까 확실하네요. 주문 전화가 엄청 많아요. 한 번 디 할까요?"

방송을 하던 스태프들도 신이 났다. 나도 덩달아 신이 났다. 소비자들의 궁금증을 해소시켜주어서 좋았다. 주문 전화도 많았고, 담당 PD에게 인정을 받아서 좋았다. 나는 시연을 두세 번 더 보여주었다. 그런데 너무 흥분했던 것 같다.

"자, 이번에는 우리 같이 한번 던져볼까요?"

같이 방송을 하던 출연자에게도 접시를 나눠주며 던지라고 한 것이다.

"자, 던집니다."

"쨍그랑!"

그 전과 소리가 달랐다. '땡그랑'이 아니라 '쨍그랑'이었다. 날아간 두 개의 접시는 공중에서 부딪혀 바닥으로 떨어지며 산산조각이 났다. 순간 스튜디오는 얼음이 되었다. 나는 너무나 당황했다. 리포터로 처음 방송할 때도 이렇게 당황하지는 않았다. 하지만 나는 쇼호스트였다. 프로그램을 이끌어가는 사람이다. 정신을 차려야 했다. 순간 손가락에 끼고 있던 인조 다이아몬드 반지가 만져지면서 반짝 생각이 떠올랐다.

"다이아몬드는 보석 중 가장 강한 보석으로 알려져 있습니다. 일반적으로 다른 유색 보석을 커팅할 때는 다이아몬드 톱으로 커팅한다고 합니다. 그렇다면 다이아몬드는 어떨까요? 다이아몬드를 커팅할 때도 다이아몬드 톱으로 커팅을 한다고 합니다. 이 접시도 마찬가지입니다. 바닥에 던져도 깨지지 않던 접시가 서로 부딪히니 깨지네요. 삼중 압축 강화 유리로 만들어진 이 접시를 깨뜨릴 수 있는 것은 바로 같은 접시뿐입니다. 설거지하실 때 이 접시가 서로 부딪히는 것은 조심하셔야겠습니다."

냉정을 찾은 나는 나의 지식을 총동원했다. 공부는 이런 순간을 위해 하는 것이었다. 급추락했던 콜 수는 다시 서서히 올라왔고, 나는 무사히 방송을 마칠 수 있었다. 정말 천국과 지옥을 오가는 방송이었다.

일을 즐겁게 해야 하는 것은 맞다. 하지만 냉정을 유지해야 실수도 줄어드는 법이다. 순간적으로 지나치게 들떠 있으면 실수하기 마련이고, 그러면 상황은 급변한다. 용돈을 받아 기분이 좋아서 들떠 있다가 어느 순간 지갑을 잃어버리거나, 상을 받았다고 좋아서 떠들다가 선생님에게 시끄럽다고 야단맞는 식이다.

비약인지는 모르겠지만, 나는 이 일화가 일희일비(一喜一悲)하면서 살 필요가 없다는 교훈도 담고 있다고 생각한다. 코렐 사건은 순간적으로 일어난 일이지만, 이를 길게 늘어뜨리면 인생에도 적용된다고 보는 것이다. 살다 보면 좋은 일도 생기지만, 좋지 않은 일도 생긴다. 최고 매출액 달성이라는 기록도 세우지만, 최저 매출이 나오는 날도 있는 것처럼 말이다. 인생이 계속해서 '머피의 법칙'만 적용될 리는 없다. 좋은 일도 반드시 찾아온다. 그러므로 우리는 지나치게 일희일비할 필요가 없다.

즐겁게, 그러나 담담하게.

이게 우리가 하는 수많은 실수를 줄여주는 자세가 아닐까?

나는
스스로
지킨다

지금이야 대부분의 사람이 명품에 익숙하지만, 사실 우리나라에 명품이 본격적으로 소개된 것은 1990년대부터다. 겨우 이십 년 정도 지난 것이다. 1980년대 후반, 해외여행 자유화가 이루어지면서 사람들이 명품에 눈을 뜨게 되었고, 이후 속속 수많은 명품이 한국에 소개되기 시작했다.

1980년대에 국내 명품숍이라고는 신라호텔 내 버버리 매장 정도였고, 청담동 명품 거리는 흔적도 없던 때였다. 1990년대 후반에 프라다와 루이비통이 들어왔고, 2000년이 지나서야 샤넬이 국내에 들어왔다. 지금은 병행수입도 하고, 해외직구도 가능하지만, 그때만 해도 명품은 백화점에서밖에 볼 수 없는 귀한 존재였다. 한마디로 명품 열풍이 불던 때였다. 명품에 대해 관심이 컸던 만큼 감시의 시선도 많았다.

2006년도 '청담동 연예인 가짜 시계 사건'을 기억하는 사람이 있을지 모르겠다. 당시 문제가 된 가짜 시계는 사회적으로 큰 파장을 불러 일으켰다. 그런데 이 사건과 직접적인 관계는 없지만, 그 여파로 인해 검찰 조사를 받은 적이 있었다.

G브랜드의 시계를 수입하는 사장님과는 방송 일로 몇 번 만난 적이 있었다. 덕분에 나는 이 브랜드의 프레스 세일에 초대되어 세일된 가격에 시계를 하나 산 적이 있었다. 나는 이 시계가 무척 마음에 들어 항상 이 시계를 착용하고 방송을 했다. 그러던 어느 날, MD가 나에게 물었다.

"유난희 씨, 이 시계 어느 브랜드에요?"

"G브랜드요. 왜요?"

"명품이에요?"

"명품은 아니고, 그냥 이태리 제품인데 너무 예뻐서 샀어요."

"시청자들 문의가 너무 많이 들어오는데, 방송 한번 할 수 없을까요?"

"이거 백화점 가격으로는 2백만 원이 넘는 시계에요. 명품도 아닌데 홈쇼핑에서 판매하기에는 너무 고가에요. 그리고 수량도 안 될 거예요."

그렇게 그날의 일은 잊혀졌다. 그런데 얼마 지나지 않아 그 MD가 또 다시 물었다. 방송할 때마다 문의가 들어온다며 상품의 방송 여부를 알아봐달라는 것이었다. 어쩔 수 없이 G브랜드를 수입하는 사장님께 연락했다.

"사장님, 제가 샀던 G브랜드 시계, 홈쇼핑에서 판매가 가능할까요?"

"아니요. 제가 예전에 한 번 홈쇼핑에서 다른 수입 브랜드를 판매해봤는데 반품이 너무 많아서 할 수가 없습니다. 그리고 수량도 없습니다."

예상했던 것처럼 거절을 당했다. 그렇게 6개월이 지났다. 그런데 여전히 그 MD는 나의 시계를 탐냈다. 대박이 날 거라며 아쉬워했다. 포기하지 않고 물어보는 그의 정성 때문에 나는 그와 함께 G브랜드 매장을 직접 찾아갔다. MD는 숨을 쉬지 못했다. 너무 고급스럽고 예쁘다며 칭찬을 아끼지 않았다. 그리고 방송을 하겠다는 의지를 굳혔다. 하지만 G브랜드는 흔한 시계가 아니었다. 이 시계가 고가인 이유도 스위스 장인들이 오더를 받아서 만들기 때문이었다. 수량이 나올 리가 없었다. 그런데도 MD는 포기하지 않았다. 이런 MD의 간절함 때문에 결국 수입 업체 사장님을 설득했고, 20~30개 정도밖에 안 되는 수량으로, 백화점에서 판매하는 금액 그대로 방송을 하게 되었다. 방송은 대히트였다.

"안녕하세요. 유난희입니다. 평소 제가 차고 있는 이 시계, 궁금하셨죠?"

멘트가 채 끝나기도 전에 시계는 매진이 되었다. 3주 뒤쯤, 적은 수량으로 한 번 더 방송을 했고, 수량이 없어서 더는 방송을 할 수가 없었다. 그렇게 시간이 흘렀다. 그러던 중 '청담동 연예인 가짜 시계 사건'이 터졌다. 그런데 그 사건을 뉴스에서 대대적으로 보도하자 소비자기 혹시 자신이 산 G브랜드 시계도 가짜가 아닌지 조사해 달라며, 소비자보호원에 제보한 것이었다.

G브랜드 시계는 가짜가 아니다. 문제는 PD가 홍보회사에서 받아서 그대로 쓴 '180년 전통의 이탈리아 명품 시계'라는 멘트와 화면에 나가던 카피였다. 그런데 G브랜드가 180년의 역사를 가진 것도 분명했다. 불가리나 피아제처럼 G브랜드 역시 주얼리 브랜드로 시작했다. 시계를 만들기 시작한 것이 채 이십 년이 되지 않은 상태였고, 그것이 문제가 된 것이었다. 불가리 역시 시계 사업에 뛰어든 것은 40여 년밖에 되지 않는다. 그렇다고 해서 불가리를 소개할 때 50년 된 명품 브랜드라고는 하지 않는다. G브랜드는 백 년이 넘은 주얼리 브랜드였고, 스위스 장인이 시계를 만드는 것도 분명했다. 그런데도 나는 이 일로 검찰에서 조사를 받게 되었다. 방송 진행자였기 때문이다.

검찰 조사를 받게 되자 지인 한 분이 검찰 조사가 무척 힘들 것이라며 함께 검찰청까지 동행해주었다. 아는 사람이 중간에 있어서 다른 사람보다 훨씬 부드러웠을 텐데도, 나는 조사가 끝난 후 밖으로 나오면서 모멸감에 부들부들 떨어야 했다. 나란 존재는 철저하게 무시당했고, 사실을 전달하고 일이 진행된 과정을 설명할 기회조차 주어지지 않았기 때문이다.

G브랜드 사건은 뒤늦게 주한 스위스대사관측에서 "G브랜드는 스위스 시계회사가 제작한 것이 분명하며, 럭셔리 와치로서 품질에 전혀 문제가 없다"고 인정받았다. 하지만 이미 여러 사람의 마음에 상처를 남긴 뒤였다.

그 사건을 계기로 나 자신은 스스로 지켜야 한다는 것을 새삼 깨닫게 되었다. 나는 회사에 소속된 직원이었지만, 막상 이런 사건이 터지니 서로 조심스러웠다. 처음 겪는 큰 사건이었기에 모두가 민감했고, 서로의 입장을 어떻게 보호해줄 수 있을지에 대한 준비나 대책이 전혀 마련되어 있지 않다는 것을 체감했다.

사회생활을 하면서 상호간에 가지는 믿음은 무척 중요하다. 그러나 최종 책임은 결국 내가 져야 한다. 아무도 나를 대신해줄 사람은 없다. 온전하게 홀로 서야 할 때가 분명 있다. 그렇기 때문에 나는 일에 대해서는 더욱 까다로워져야 했고, 냉정해져야 했으며, 철저해질 수밖에 없었다.

이겨내지 못할
시련은 없다

이 또한 지나가리라.

너무나 유명한 말이다. 그러나 이 말은 인생에서 정말 꼭 필요하고 기억해둬야 할 말이 아닌가 싶다. 어렵고 힘든 인생의 고비가 올 때마다 꺼내들고 곱씹어보아야 할 명언이라고 생각한다. 설사 금수저를 물고 태어났다고 해도 순탄하기만 한 인생이란 없다. 누구나 크고 작은 사건을 맞닥뜨리기 마련이다. 하지만 그 순간은 반드시 지나간다. 그런데 그걸 냉정하게 생각하지 못하고 잘못 판단하면 인생에 큰 오류가 발생할 수밖에 없다.

나는 결혼을 하고 난 뒤에 쇼호스트가 되었다. 그리고 2년 뒤

쌍둥이를 낳았다. 결혼 전에는 아나운서 시험을 치느라 아등바등 살았다면 출산 후 십 년간은 일과 육아 사이에서 아등바등했다.

쇼호스트 일은 자정이 넘어 끝날 때가 많았다. 일주일에 3일간 일이 새벽에 끝나면, 나머지 3일은 일찍 집에 들어가야 했다. 친구를 만날 수도, 카페에서 마음 편하게 커피 한잔 마실 수도, 스태프들과 저녁 한 번 먹을 수도 없었다. 회식에 나가지 않으면 사람들과 회사에 밉보일 수 있으니 공부해서 실력을 더 쌓을 수밖에 없었다.

출산하고 몇 년간 잠을 제대로 자지도 못했다. 연년생도 힘들다고 하지만, 쌍둥이를 키워보지 않은 사람은 그 힘듦을 알지 못한다. 한번 하겠다고 마음먹으면 처음부터 끝까지 완벽하게 해내야 하는 성격인지라 아이들 이유식까지 직접 해 먹였다. 일과 육아를 병행하느라 39킬로그램까지 몸무게가 빠질 정도였다.

"내가 미쳤지, 왜 이러고 사는 거야."

입에 "미쳤지"를 달고 살았다. 누가 시킨 것도 아닌데, 우울증까지 걸릴 지경이었다. 나는 사람들이 소위 말하는 의사 사모님이었다. 일하지 않고 알뜰살뜰 살림하면 남부럽지 않게 살 수도 있을 터였다. 하지만 나는 내 일을 사랑했다. 그렇기 때문에 견뎠다. 이를 악물고 참았다. 육아 때문에 받는 스트레스도 방송을 하러 가기만 하면 싹 사라졌다. 신기했다. 카메라 앞에만 서면 기운이 솟았다. 집과 아이는 머릿속에서 사라졌다. 일은 전쟁 같은 육아에서 해방될 수 있는 유일한 통로였다. 내게는 오히려 일이 청량제였던 셈이다.

집으로 가는 길은 다시 전쟁터로 돌아감을 의미했다. 하지만 일 때문에 같이 있어주지 못해 미안했던 나는 아이들에게 혼신의 힘을 다했다. 육아에 집중했다.

워킹맘의 입장에서 일하다 보면 화가 나는 경우가 종종 있다. 결혼 안 한 싱글이면서 일을 제대로 못하는 사람을 볼 때다. 그런 사람을 보면 괜히 화가 난다. 워킹맘은 집안일하고 아이 기저귀 갈고 목욕시키고 남편 밥상까지 차려야 한다. 하지만 싱글은 자기 몸 하나 관리하고 자기 실력만 쌓으면 된다. 그런데도 일에 전념하지 못하는 여성을 보면 이해할 수가 없다.

그런데 참 재미있는 것이 성공한 여성은 워킹맘인 경우가 많다. 아마도 항상 긴장의 끈을 풀지 않기 때문이기도 하겠지만, 분명 일과 육아 사이에서 발생하는 시너지도 있는 듯하다. 힘들던 육아는 시간이 지나고 나면 차라리 기분 좋은 추억이다.

그러나 인생에는 정말 견디기 힘든 때도 있다. 내게 가장 힘들었던 기억 중 하나는 39쇼핑 사장님의 죽음이었다. 그때 나는 연봉 계약 건으로 동료들에게 배신당하고 충격을 받아 사표를 낸 뒤 쉬고 있었다. 마침 LG홈쇼핑에서 스카우트 제의를 받아 옮겨가기로 마음을 먹은 상태였다. 그런데 39쇼핑 사장님이 직접 내게 러브콜을 보냈다. 다시 39쇼핑으로 돌아오라는 것이었다.

인간에게 배신당했지만, 39쇼핑은 내게 친정과도 같은 곳이었다. 여전히 애정이 있었다. 그러나 다시 돌아가고 싶은 생각은 없었다. 사랑하지만, 헤어진 전 애인과 다시 만나고 싶지 않은 그런 느낌이랄까? 사장님은 여러 번 내게 연락했다. 당시 라이벌 관계에 있던 LG홈쇼핑으로 옮겨가는 것에 대해 경계했던 부분도 있는 것 같았다. 사장님의 간곡한 부탁에 한 달 넘게 고민했지만, 결국 회사를 옮기는 쪽으로 마음을 정했다.

그렇게 회사를 옮기고 새로운 환경에 적응해나가고 있던 중이었다. 39쇼핑 사장님이 자살했다는 소식을 뉴스를 통해 들었다. 청천벽력이었다. 당시 39홈쇼핑은 '가짜 보석 판매' 사건에 휘말려 회사 이미지가 실추되고 매출이 많이 감소한 상태였다. 그 일로 심리적인 압박을 크셨던 것 같다. 너무 마음이 아프고 눈물이 났다. 회사를 옮기기 전 내게 여러 번 연락을 주셨기에 경쟁사로 옮긴 것에 대해 미안한 마음이 들었다.

오랜 시간을 고민했다. 39쇼핑에 대한 사장님의 애정을 알기에, 경쟁사에서 쇼호스트 일을 계속할 수 없을 것 같았다. LG홈쇼핑 사장님에게 복잡한 내 심경을 가감 없이 말씀드렸다. 사장님은 내 마음을 헤아려주었다. 그러나 조용히 사직을 만류했다. 대신 일주일이라는 휴가가 주어졌다. 마음을 추스르고 다시 일을 시작할 수 있도록 옆에서 냉정하게 조언해주었다.

너무 마음이 아프고 충격에서 헤어 나오지 못할 것 같았지만, 무책임하게 회사를 그만두는 것도 고인의 뜻은 아닌 것 같았다. 일주일 뒤 다시 출근해 일을 하기는 했지만, 이 사건은 한동안 나를 우울하게 했다. 하지만 결국 시간이 문제를 해결해주었다. 그리고 그 아픔을 딛고 일어섰을 때 나는 더 단단해질 수 있었다.

세상에는 견딜 수 없을 것 같은 일들이 일어난다. 영원히 해결되지 않을 것 같은, 풀리지 않을 것 같은 일도 일어난다. 그러나 그런 일은 없다. 영원같이 느껴지는 시간도 지나기 마련이다. 일하는 여성들, 특히 워킹맘이라면 육아와 직장일을 병행해야 할 때 이겨내지 못할 것 같은 육체적, 정신적 고통과 스트레스에 부딪치게 된다. 육아의 어려움 때문에 자신의 꿈을 포기하는 경우를 많이 본다. 하지만 견뎌라. 견디면 단단해지고 단단해지면 조금씩 현실도 나아진다고 나는 이야기해주고 싶다.

이겨내지 못할 시련은 없다.

그리고 이 또한 모두 지나가리라.

아름답게

지금이 아름다운 이유

이금희
정은아
백지연

모두 나와 함께 시험을 본 동기들이다. 백지연 씨가 KBS, MBC에 동시 합격했을 때 난 두 곳 모두 떨어졌다. 나는 이런 사람들과 경쟁했다.

솔직히 고백하겠다. 나는 콤플렉스가 많다. 키도 작고, 눈도 작은 편이다. 코도 지금보다 좀 더 높으면 좋겠고, 손도 예쁘면 좋겠다. 이런 내가 이십 대에 아나운서 시험을 준비하면서 얼마나 많이 기죽고 초라했는지……. 하지만 시간은 많은 것을 바꾸어놓았다. 지금은 사람들이 나에게 아름답다고 칭찬해준다. 나를 워너비로 꼽는 사람도 많다. 그럴 때마다 뿌듯하고, 나를 다잡게 해주니 그저 감사할 뿐이다.

물론 지금도 원하는 것은 많다. 김태희나 송혜교처럼 카메라 앵글을 어디에서 잡아도 예쁘면 좋겠지만, 분명히 더 예쁘게 나오는 쪽이 있다. 코가 좀 더 높다면 선글라스를 편하게 쓸 텐데 하는 아쉬움도 있고, 눈이 좀 더 크면 카메라에 더 또렷하게 비칠 텐데 그렇지 못하니 아쉽다. 키가 컸다면 아마 용기백배해 미스 코리아에 나갔을지도 모른다. 어쩌면 지금과 완전히 다른 인생을 살고 있을지도 모르겠다. 하지만 콤플렉스로 고민하고 다른 사람과 비교하며 부러워할 시간에 나는 거울을 보며 한 번 더 웃고, 피부에 신경 쓰며 관리하고, 공원을 한 바퀴 더 뛰며 운동한다.

나는 아나운서 시험 준비를 나름대로 일찍, 다양하게, 철저히 했다. 방송국 시험은 대부분 1차 서류 전형, 2차 카메라 테스트, 3차 영어·국어·논술 시험, 4차 면접까지 네 단계를 거친다. 1차 서류 전형에서는 항상 합격이었다. 그러나 2차 카메라 테스트에서 나는 항상 주눅이 들었다. 지금의 나를 보는 사람들은 이해할 수 없다고 말할지도 모르겠지만 그땐 그랬다. 나보다 예쁘고 멋진 경쟁자들이 너무 많았기 때문이다.

처음 방송국 아나운서 시험을 볼 때 나도 다른 응시자들처럼 전문가의 도움을 받았다. 화장할 줄 모르는 나에겐 꼭 필요한 일이었다. 그래서 알아본 곳이 명동에 있는, 당시 미스 코리아 당선자들이 가던 마샬이라는 유명한 미용실이었다. 그 당시 돈으로 거금 8만 원을 내고 메이크업을 받았다. 결과는 도깨비도 울고 갈, 어색하기 짝이 없는 사람이 거울 속에서 울먹이며 서 있었다.

나는 대학 4년 내내 제대로 된 화장을 한 번도 해본 적이 없었다. 다른 준비는 철저했지만, 아나운서 시험을 볼 때 헤어, 메이크업을 받아야 한다는 것을 미처 생각하지 못했다. KBS에서 리포터를 했을 때도 피부가 좋다는 이유 하나로 당당하게 맨 얼굴로 카메라 앞에 섰던 나였다. 무식해서 용감했던 시절이었다.

그런데 막상 방송용 헤어, 메이크업을 받고 보니 생전 처음 보는 내 얼굴이 도저히 어색해서 견딜 수가 없었다. '아차!' 싶었다. 다른 부분에서는 철두철미했던 내가 아나운서 시험 준비를 하는 동안 왜 연습삼아 미리 헤어나 메이크업을 받아볼 생각을 못했을까. 카메라 실기시험을 본다고 새로 장만한 민트색 정장도 남의 옷을 빌려 입은 듯 이상했다. 나의 반응을 보았는지 미용실에서는 이렇게 입체 화장을 해야 소위 말하는 '카메라발'을 잘 받는다며 나를 위로했다. 하지만 전혀 마음이 편해지질 않았다.

카메라 테스트 실기시험장에서 다른 응시자들과 비교해보니 더 이상해 보였다. 시험을 보러 온 아나운서 응시생들도 나와 비슷한 메이크업과 헤어스타일을 하고 있었지만, 전혀 어색해 보이지 않았다. 항상 그렇게 예쁜 옷을 입고 화려한 메이크업을 하고 다녔던 듯 자연스러웠다. 하나같이 예뻤다.

나는 대학 4년 동안 줄곧 청바지에 티셔츠 차림이었다. 기껏 멋을 부린다고 해봤자 대학 축제 때 블라우스와 스커트를 입는 정도였다. 그런 내가 갑자기 입지 않던 정장을 입고 화려한 메이크업을 받았으니 몸이 배배 꼬이고 당장이라도 세안하고 싶을 정도로 어색했다. 내가 어색하니 카메라에 비친 모습도 분명 자연스럽지 못했을 것이다. 당연했다.

자연스러운 멋은 어느 날 갑자기 생겨나는 게 아니다. 평소 꾸준히 관심을 가지고 어떤 스타일이 자신에게 잘 어울리는지 보물찾기 하듯 찾아야 자신만의 스타일도 알게 되고, 꼭 맞는 옷을 입은 듯 자연스럽게 행동하게 된다. 그때는 이런 사실을 미처 알지 못했다.

나이가 들면서 나는 아름답다는 말을 더 많이 듣는 것 같다. 내 얼굴은 예나 지금이나 별반 달라진 것이 없다. 흐르는 세월에 따라 자연스럽게 주름이 늘고 나이가 들어갈 뿐이다. 그럼에도 왜 사람들은 나를 아름답다고 말할까? 젊었을 때도 별로 들어보지 못했던 말을 말이다. '카메라 마사지'라는 것도 분명 있을 것이다. 방송을 오래 하다보니 화면에 예쁘게 나오기 위해 관리하고 또 카메라에 어떻게 비치면 아름답게 나오는지 나름대로 터득하게 된다. 하지만 그보다는 계속해서 나 자신을 가꾸고 다듬으면서 점점 아름다워지고 세련되어진 것은 아닐까 생각한다.

아름다워지는 비결은 별다른 게 없다. 거울을 많이 보고, 매 순간 표정을 관리하고 나의 예쁜 면을 찾아내면 된다. 외모는 가꾸면 가꿀수록 아름다워진다. 나는 성격상 쓸데없는 데 관심을 두지 않는 편이다. 내 일과 나 자신에 집중하므로 나를 가꿀 수 있는 시간적 여유가 남들보다 더 많다. 직업상 옷을 입고 상품을 보여줘야 하는 사람이기 때문에 카메라에 비치는 내 모습을 보면서 표정과 몸매에 더 많은 신경을 쓴다. 이런 나의 노력이 이십 대에는 없었던 아름다움을 만들어낸 것이라고 생각한다.

긴장감도 한몫한다. 내 직업은 나를 남에게 보여줘야 한다. 그러다 보니 항상 긴장할 수밖에 없다. 잔뜩 긴장하면 허리가 꼿꼿이 펴지고 똑바로 서게 된다. 마찬가지로 적당한 긴장감은 표정도, 자세도, 의상도, 메이크업도 당연히 신경 쓰게 한다. 자신의 외모에 신경 쓴다는 것은 남의 눈을 의식하고, 남과 비교하는 것과는 다른 의미다. 여자의 본능적인 욕구에 따른 자기만족이며, 행복한 삶을 위한 기본 요소다. 자신의 아름다움을 잃지 않는 방법이기도 하다. 어느 누군들 후줄근하게 늘어져 있는 자신을 보고 만족해할 수 있겠는가. 이는 남자 여자 구분이 없고, 나이가 어리든 많든 똑같이 적용된다.

여자가 꾸미기를 포기하면 늙은 것이다. 여자는 나이가 들어도 여자다. 여자가 꾸미고자 하는 욕구는 본능과도 비슷하다고 생각한다. 선천적으로 아름답지 않아도 여자는 꾸미면 아름다워진다. 나는 방송계에 있으면서 그 사실을 수없이 목격했다. 무작정 화려하게 치장하거나 남을 따라하라는 의미는 아니다. 자신만의 색깔을 찾아야 한다. 사람마다 신체 사이즈와 성격, 풍기는 이미지가 다 다르기 때문이다. 단아한 사람도 있고 화려한 사람도 있고 지적인 사람도 있다. 각기 다른 자신만의 고유한 매력이 있는 법이다.

자기의 워너비를 찾는 것도 도움이 된다. 워너비를 찾아 따라 하면서 감각을 익힌 다음 조금씩 자신만의 개성과 스타일을 찾아보자. 그렇게 노력하다 보면 어느 순간 자신에게 맞는, 가장 나답고 매력 있는 나만의 스타일을 발견할 수 있을 것이다.

자신만의 고유한 아름다움을 찾는 것. 이것이야말로 여자라면 평생을 고민하고 해결해야 할 미션이 아닐까?

아름다움은 만드는 것

"유난희 씨 너무 예뻐요."
"부러워요."
"전 옷을 사도 입고 나갈 데가 없어요."

홈쇼핑을 이십 년 진행하면서 느낀 점이 있다. 간혹 주부들은 행동하지 않고 보기만 한다는 거다. 보면서 부러워한다. 그리고 짜증을 내고, 신세한탄을 한다. 스트레스를 받으면 자연스럽게 폭식하고, 그러니 살이 찐다. 그리고 자신의 그런 모습을 보며 실망하고 또 한숨을 쉰다. 악순환이다.

이런 악순환이 개인에 국한된 것만은 아니다. 여성은 남성보다 훨씬 더 민감하다. 그래서 쉽게 우울해진다. 여자가 우울해지면 가정에 그늘이 드리워진다. 남편에게 짜증을 내고 아이들에게 화풀이를 한다. 결국 모두가 행복해지지 못한다.

얼마 전 정부가 발표한 '전업주부 자녀의 어린이집 종일반 이용 제한' 정책을 두고 왈가왈부 말이 많았다. 네티즌들의 댓글을 보면 '3년 동안 아이는 엄마가 직접 키워야 한다', '여자들 아이 맡겨놓고 대낮에 카페에, 백화점에… 문제 많다', '그럴 거면 아이는 왜 낳았냐?' 등등 비난의 글이 줄줄이 이어진다. 하지만 전업주부라고 해서 365일 아이들 옆에 붙어 있어야 하는 것은 아니다. 끝도 없는 집안일에서 잠깐 벗어나 여유를 즐기는 것이 왜 나쁘단 말인가. 그렇게 해서 본인이 행복하고 가정이 행복하다면 나아가 나라가 행복해지고, 세상이 행복해지는 것 아닐까? 하지만 아직 우리나라에선 자신의 삶을 즐기기보다 자신을 가정에 얽매고 붙들어두는 여성이 더 많다.

현실이 이렇다 보니 내 SNS에는 옷을 사도 입고 나갈 곳이 없고, 주말이면 뭘 해야 할지 모르겠다는 댓글이 많이 달린다. CJ오쇼핑에서 매주 화요일에 방영하는 〈유난희 쇼〉에서 나는 이런 주부들의 문제를 어떻게 풀 수 있을지 고민했다. 주부들이 잠깐만이라도 밖으로 나온다면 좀 더 행복한 시간이, 활기찬 인생이, 더 밝은 세상이 되지 않을까 생각했다. 그래서 기획한 것이 '꽃누나의 도전', '꽃누나는 주말에 뭐하지' 시리즈다.

자신의 꿈을 잠시 미뤄둔 사오십 대 여성들이 누구의 아내, 누구의 엄마가 아닌 '여자로서' 다시 한 번 전성기를 찾을 수 있도록 용기를 불어넣어주고자 기획했다. 내가 시청자가 되어 그들 대신 한 달에 하나씩, 열두 가지를 배웠다. 쉽지 않은 도전이었다. 재즈 싱어, 왈츠, 그림, 베이킹, 플라잉 요가, 몸짱 만들기, 요리, 플라워 디자인 등 장르도 다양했다. 몸은 힘들었지만, 그것을 보고 많은 주부들이 따라했다.

"유난희 씨가 그림 그리는 걸 보고 예전에 포기했던 그림을 다시 시작했어요. 정말 좋아요."

"운동을 시작했어요. 몸짱에 도전해보려고요. 몸이 여기저기 쑤시던 것도 사라지고……. 벌써 건강해진 느낌이에요."

"젊었을 때부터 배우고 싶었던 댄스를 배우기 시작했어요. 다시 젊어진 듯한 느낌이에요."

제2의 전성기에 도전하는 수많은 여성들의 사연을 받고 쇼호스트로서 얼마나 기뻤는지 모른다. 내가 집안일에만 지쳐 가정에 머물러 있던 주부들에게 동기부여를 해주고 자극을 준 것이다. 어떤 주부는 어설픈 동작으로 뭘 배우는 나를 보며 유난희도 하는데 내가 왜 못하겠냐는 생각이 들었다고 한다. 도전을 멈추지 않는 여성은 아름답다. 나이와는 무관하다. 나이란 단지 숫자에 불과하다는 것을 스스로 느끼고 공감해주었으면 했다. 나는 그런 메시지를 꽃누나의 도전 시리즈에 담았다.

　이 도전 시리즈의 성공으로 또 하나의 시리즈가 기획되었다. '꽃누나, 주말에 뭐하지?' 시리즈다. 이번에는 내가 주부들이 가보면 좋을 장소를 소개해주는 거였다. 주부들은 밖에서 일하는 사람들과 달리 맛있는 레스토랑, 카페, 좋은 전시장에 대한 정보 입수가 늦을 수 있다. 알아도 선뜻 가볼 용기를 내지 못한다. 청담동 카페에는 모두 명품 걸친 사람만 갈 수 있는 줄 안다. 그런 주부들에게 내가 방송하는 옷을 입고 가방을 들고 구두를 신고 시청자의 눈이 되어 찾아가는 거다. 용건이 없으면 나가지 않지만, 누구나 맛집은 가보고 싶어 한다. 트레이닝복 차림으로 동네를 다니는 대신 변신하고 행동하고 싶은 욕구를 만들어주는 것이 내 역할이라고 생각한다. 그때 어떻게 코디하면 좋을지, 내가 스타일을 제안하면서 주부의 고민을 줄여주고 해결한다.

　주부들은 인터넷 검색에 약하다. 텔레비전이 제일 쉽다. 쉽게 정보를 전달하면서 자신을 가꿀 수 있도록 내가 자극제가 되어주는 것이다. 〈유난희 쇼〉 시청자들은 방송을 보며 자신도 도전하고 자기계발을 할 수 있다. 그래서 〈유난희 쇼〉가 홈쇼핑 업계에서 천편일률적인 방송 형식의 틀을 깨고 센세이션을 일으킨 것이라고 생각한다.

"어머, 피부가 처졌어. 어떻게 해."
"살쪘나 봐. 좀 빼야겠어."

외출은 분명 생활에 자극이 된다. 요즘은 세상이 좋아 휴대폰만 있으면 어디서든 사진을 찍을 수 있다. 좋은 곳에 가서 사진 한 장만 찍어도 주부들에게는 충분한 자극이 된다. 얼굴이 처졌는지, 살이 쪘는지, 사진을 찍으면 바로 확인이 된다. 자신을 점검하게 된다. 이렇게 외출 한 번으로 자신에게 더 집중하게 되고, 신경 쓰게 되고, 가꾸게 된다. 그렇게 더 아름다워지는 것이다.

그렇게 아름다움은 차곡차곡 쌓여간다. 하늘에서 소리 없이 하얗게 내리는 눈이 소복소복 쌓여 온 세상이 아름답게 만들어지는 것처럼 말이다.

바꿀 수 없는 것은 없다

어린 시절의 나는 소극적이고 부끄럼도 많았다. 한마디로 내성적이었다. 텔레비전 속의 유난희를 보는 사람들은 결코 상상하지 못할 성격이다. 반대로 과거의 나를 아는 사람들은 어떻게 내가 방송에서 상품을 소개하는 쇼호스트로 성공할 수 있었는지 의아해한다. 십 년 전에 내가 일하던 홈쇼핑에 전화해 내가 다니던 초등학교 나온 그 유난희가 맞냐고 물어본 동창생도 있었다. 원래 내 성격이 그렇다.

지금은 인터넷에 검색만 해봐도 아나운서가 되는 방법을 자세하게 알 수 있다. 관련 책도 많고 아카데미 과정도 다양하다. 하지만 내가 대학생이던 때만 해도 아나운서가 집필한 책을 읽이 가장 신속하고 정확한 정보였다. 그때 아나운서 지망생에게 인기였던 책이 이계진 전 아나운서의 〈뉴스를 말씀드리겠습니다, 딸꾹!〉이었다. 이 책을 통해 나는 방송 현장의 모습과 아나운서의 실상을 간접적으로 경험할 수 있었다.

하지만 이걸로 나의 궁금증이 100퍼센트 채워졌을 리 없다. 친하게 지내는 과 선배 언니에게 아나운서가 되는 것이 꿈인데 어떻게 해야 할지 모르겠다고 고민을 토로했더니 놀랍게도 그 선배의 친언니가 MBC 아나운서라고 했다.

"진짜요? 그럼 어떻게 하면 아나운서가 될 수 있는지 여쭤봐주세요."

"그러지 말고 우리 언니랑 한 번 만날래? 만나서 직접 물어봐."

"아니에요. 언니. 저 너무 떨려서 직접 만나는 건 어려울 것 같아요. 그냥 언니가 물어봐주세요."

"아니, 그렇게 사람 만나는 걸 무서워하면서 무슨 아나운서를 하겠다고 그래?"

누군가에게 직접 정보를 얻을 수 있다고 하니 천군만마를 얻은 듯 기뻤다. 하지만 직접 만나서 물어볼 용기는 도저히 나지 않았다. 나는 그렇게 낯을 가리는 숙맥이었다.

대학교 3학년에 했던 첫 리포터 경험 때도 그랬다. 용기백배해서 무조건 기회를 달라고 했던 것과는 달리 생애 처음으로 카메라 앞에 섰던 나는 너무나 긴장해 완전히 쓰러질 지경이었다. 어떻게 기회는 잡아서 촬영 출장을 갔는데, 막상 현장에 도착하니 덜컥 겁이 났다. 대본을 받아보니 더 걱정이 쌓였다. 30~40초 정도밖에 안 되는 대본을 받아든 나는 거울을 보며 백 번도 넘게 연습했다.

"안녕하세요. 리포터 유난희입니다. 저는 지금 남한강과 북한강이 만나는 지점에 나와 있습니다. 안녕하세요. 리포터 유난희입니다. 저는 지금 남한강과 북한강이 만나는 시섬에 나와 있습니다. 안녕하세요. 리포터 유난희입니다. 저는 지금……."

결국 긴장감에 뜬눈으로 밤을 새우고 촬영에 임했다. 밤새 대본을 중얼거리며 외운 탓에 멘트 실수는 하지 않았다. 하지만 문제는 표정이었다. 너무나 긴장한 나머지 얼굴에 미소라고는 찾아볼 수 없었고 심하게 경직되어 있었던 거다. 어쨌든 촬영은 무사히 끝났고 스태프들은 내게 처음치고는 잘했다며 칭찬했다. 입에 발린 말일 수도 있지만, 담당 PD도 잘했다며 칭찬해주었다. 그리고 열심히 준비해서 꼭 아나운서가 되라고, 그래서 나중에 함께 방송하자고 했다. 그러나 결국 나는 나의 첫 방송을 모니터링하지 못했다. 이것도 내성적이고 낯을 가리는 내 성격 탓이었다.

몇 주 후 내가 리포터로 나온 한강 특집 프로그램이 방송되는 날이었다. 하지만 도저히 가족과 함께 앉아서 볼 자신이 없었다. 그래서 남자친구를 불러냈다. 이유는 단 하나였다. 혹시 남자친구가 집에서 텔레비전을 보다 나를 발견하면 너무 부끄러울 것 같았다. 남자친구를 만나 방송 시간인 저녁 7시부터 학교 앞 식당에서 저녁을 먹었다. 나는 텔레비전을 향해 앉고, 남자친구는 모니터를 등진 채 말이다.

겉으로 내색은 안 했지만, 속마음은 너무나도 궁금했다. 내가 어떻게 나오는지, 어떻게 방송되는지.

남자친구는 연신 뭐라고 말을 했지만, 내 눈과 귀는 오로지 텔레비전에 꽂혀 있었다. 드디어 방송이 시작되었다. 폭죽이 터지고 대통령 축사가 나오고, 축제는 클라이맥스로 치닫고 있었다. 그때였다.

"현장에 유난희 리포터가 나가 있습니다. 불러보겠습니다. 유난희 리포터 나와 주시죠."

김동건 아나운서의 말이 내 심장을 멎게 했다. 내 이름이 귀에 또렷하게 날아와 박혔다. 그 순간 나는 텔레비전에서 시선을 돌려버렸다. 차마 내 얼굴을 볼 자신이 없었다. 혹여 내 목소리가 들릴까 봐 갑자기 큰 소리로 남자친구에게 말을 걸었다. 남자친구는 전혀 눈치 채지 못했다. 결국 나는 내가 나오는 첫 방송을 보지 못했다. 나중에 가족들의 말을 들으니 정말 찰나로 짧게 지나갔다고 한다. 내 얼굴인지 아닌지 알아볼 수 없을 정도로 말이다.
　본래 내 성격은 이렇게나 소심하고 내성적이다. 부끄러움을 많이 탄다. 사람 만나는 걸 무척 낯설어하고 어려워한다. 이런 나를 모르는 사람들에게 내 성격이 내성적이라고 말하면 농담하지 말라거나 엄살떨지 말라며 웃는다. 나를 아는 사람들은 소극적이고 내성적이던 사람이 어떻게 텔레비전 앞에서 몇 시간 동안 웃으면서 방송을 하느냐고 믿을 수 없다는 듯이 묻는다. 나도 이런 내가 아이러니하다.
　나 역시 수줍음 많고 소극적인 내 성격이 마음에 들지 않았다. 방송 일을 하면서 바꿔야 하기에 성격을 바꿨다. 웃어야 하기에 웃었다. 사람들과 호흡하고 희로애락을 함께해야 하는 방송 현장에서 혼자 동떨어져 있어서는 곤란했다. 쇼호스트로 방송을 이끌어나가야 했기 때문에 활기차게 행동해야 했다. 나를 바꾸기 위해 노력했다. 내가 바꿔야 했던 것은 말을 빨리하는 습관과 발음만이 아니었다. 성격도 바꿔야 했다.
　"성격상 못해요."
　사람들은 종종 이런 말을 한다. 성격상 아부를 못해요, 성격상 내숭을 못 떨어요, 성격상 거짓말을 못해요, 성격상 표현을 잘 못해요……. 하지만 조금만 생각을 바꾸면 못할 것도 없다. 아부도 단순히 립서비스라고 생각하면 쉽다. 만약 립서비스로 주변 사람들에게 해가 되지 않고, 일에 지장이 없다면 그게 무엇이 나쁜가. 연예인처럼 예쁘지 않더라도 예쁘고 귀엽다는 칭찬은 얼마든지 할 수 있다. 정말 멋진 남자를 만나 내 사람으로 만들어야 할 것 같으면 내숭을 못 떨 것도 없다. 하얀 거짓말이 필요하면 거짓말을 할 수도 있다. 표현을 못한다면, 표현할 수 있도록 노력해야 한다. 이렇게 조금씩 바꿔나가면 된다.

나도 내 성격을 고치기 쉽지 않았다. 성격은 타고난다고 하지 않는가. 이십 년 넘게 나와 같이했던 성격 아닌가. 하지만 이런 성격도 마음만 먹으면 얼마든지 바꿀 수 있다. 내려놓으면 된다. 처음부터 쉽게 바뀌진 않겠지만 의도적으로, 지속적으로 노력하면 바꿀 수 있다.

쇼호스트 경력이 쌓여갈수록 PD, MD가 아닌 나 자신이 방송에 대한 책임을 져야 한다는 생각이 강해진다. 그럴수록 내가 조금씩 더 까칠해지는 게 아닐까 하는 생각이 들 정도다. 처음엔 나도 한없이 부드럽고 온화했다. 하지만 커리어가 쌓일수록 마냥 부드러울 수만은 없고 항상 웃을 수만은 없다는 걸 실감한다. 어느 쪽이든 상황에 맞는 행동이고 일에 대한 열정에서 비롯된 것이라고 생각한다. 잠깐씩은 나의 정체성에 대해 생각해보기도 하지만, 이 또한 나의 모습이라고 생각한다. 그만큼 방송에 대한 열정이 넘쳐났던 것이다. 지금 돌아보면 그런 내가 참 대견스럽다.

만약 강렬하게 원하는 것이나 바꿔야 할 게 있다면 연습해보길, 성격이 걸림돌이 된다면 바꿔보길, 행동력이 부족하다면 부딪쳐보길 바란다. 사람들과 어울리기보다 혼자 있는 것을 더 좋아하는 성격이라면 혼자 할 수 있는 개인적인 영역에서 즐기는 것부터 시작해 시간이 흐를수록 조금씩 환경을 바꿔나가며 다양한 사람들과 소통해보길 바란다. 그렇게 우린 조금씩 변화하고 성장하는 거라고 믿어보자.

긍정의
힘을
믿는다

로베르토 베니니가 감독이자 주연을 맡은 〈인생은 아름다워〉라는 영화가 있다. 1938년 파시즘과 극우 민족주의가 팽배했던 이탈리아를 배경으로 한 영화다. 주인공인 유태인 귀도는 2차 세계대전이 막바지로 치닫던 어느 날 아내, 아들과 함께 수용소로 끌려간다. 귀도는 참혹한 현실 속에서도 어린 아들이 절망에 빠지지 않게 하려고 수용소 생활이 하나의 게임이며, 천 점을 먼저 따는 사람이 탱크를 선물로 받게 된다는 거짓말을 한다. 혼란 속에서도 아들을 안전한 곳으로 대피시키고, 아내를 구하기 위해 고군분투하던 귀도는 결국 죽임을 당하고, 살아남은 아들은 연합

군의 탱크를 보고 아버지가 말한 선물로 생각하며 기뻐한다는 내용이다.

　유태인 학살을 다룬 배경은 끔찍하지만, 그러한 상황 속에서도 희망을 잃지 않고 사랑하는 사람에게 힘을 주는 아버지의 모습을 잘 보여주는 훌륭한 영화라고 생각한다. 이 영화에서 귀도는 참 많이 웃는다. 웃는 모습이 정말 아름답다.

　내가 지금까지 본 가장 행복한 얼굴은 이집트에서 만난 부자의 모습이었다. 낡고 허름한 옷에 저저분하기 짝이 없는 아빠와 아이였는데, 먼지가 날리는 거리에서 길레 같은 천 조각을 두르고, 족히 한 달은 씻지 않았을 것 같은 시커먼 얼굴로 앉아 구걸을 하고 있었다. 그런데 세상 걱정 하나 없이 티 없이 맑은 얼굴로 행복하게 웃고 있었다.

　"저 사람들 거지 같은데, 어쩜 저렇게 행복해 보이죠?"

　동행했던 가이드에게 물어보았다. 내가 보았던 사람들은 한눈에 보기에도 열악한 환경에서 일하는 직업을 가진 사람이라고 했다. 그러나 내 눈에는 딱 거지꼴이었다. 가이드의 설명에 따르면 이집트 사람들은 내세를 믿는다고 한다. 우리나라 사람들은 부모가 열악한 환경에서 일하면 내 자식만큼은 그 일을 시키고 싶어 하지 않아 논밭까지 팔아가며 공부를 시킨다. 그러다 보니 뒷바라지하는 부모도 힘들고, 부모의 기대에 미치지 못하면서도 공부를 해야 하는 자식도 힘들다. 부모는 재산이 거덜 나고, 자식은 부모 소원을 들어주기 위해 적성에도 맞지 않는 공부를 하느라 불행하다.

하지만 이집트 사람들은 이번 세상에서 착하고 즐겁게 살면 거기서 끝난다고 생각한다고 한다. 비록 지금 이 세상에서는 불행하고 힘들게 살아도 다음 생애에는 훌륭한 사람으로 태어날 수 있다고 믿는다는 것이다. 내세에는 왕자로도 태어날 수 있고, 부자로도 태어날 수 있다고 믿는다. 어떻게 보면 단점도 있다. 현실을 개선하려고 하지 않으니까 말이다.

하지만 현재에 불만을 품고 남들이 말하는 행복의 기준에 맞추기 위해 아등바등하며 불행하게 사는 것이 아니라, 이대로도 좋으니 현실을 행복다고 느끼며 착하게 살겠다는 그들을 보며 나는 많은 것을 깨달았다. 행복을 느끼는 건 객관적인 기준에 따라서가 아니라 마음 먹기에 달려 있다는 것을 알게 되었다.

나는 제일 아름다운 얼굴이 웃는 얼굴이라고 생각한다. 얼굴이 안 예뻐도 웃으면 예뻐진다. 건강해 보인다. 웃는 것 자체만으로 에너지를 다른 사람에게 전달하는 힘이 있다. 얼굴은 마음을 반영한다. 아무리 부잣집 사모님이어도 남편이 바람을 피우고 애들이 속을 썩이면 얼굴에 그늘이 지고 어둡다. 얼굴에서 미소가 사라진다. 마음이 편해야 웃음이 나오기 때문이다.

마음이 편안하기 위해서는 많은 것을 내려놓아야 한다. 불행은 다른 사람과의 비교에서 나온다고 했다. 비교하는 대신 생각을 바꿔야 한다. 그리고 항상 긍정적으로 생각해야 한다. 그래야 마음이 편해진다. 2000년 초반 한국에 불어 닥쳤던 〈시크릿〉 열풍 역시 긍정적인 생각과 간절한 믿음이 만났을 때 강력한 힘을 발휘한다는 내용이 핵심이다.

우리가 걱정하는 것 중 99퍼센트가 일어나지도 않은 일에 대한 것이다. 긍정적으로 생각하는 아이가 학업 성적도 뛰어나다고 한다. 부정적인 생각과 말이 뇌의 기능을 떨어트려 오히려 시험을 망친다는 것이다. 나도 같은 생각이다.

힘들고 어려운 일이 많았지만, 안 좋아도 좋은 척하면 정말 좋은 일이 생겼다. 힘들어도 힘들지 않은 척하면 정말 힘이 하나도 들지 않았다. 항상 긍정적인 말을 하면 정말 말하는 대로 이루어졌다. 말의 힘이 생각의 힘을 좌우한다. 말하는 대로 된다. 즐겁다고 믿고, 즐겁다고 말하면 정말 그렇게 된다.

영화 〈인생은 아름다워〉처럼 비극적인 상황이라고 해서 결코 인생이 아름답지 않은 건 아니다. 반대로 풍족한 상황에서도 얼마든지 불행할 수 있다. 모두 마음먹기 나름이고, 생각하기 나름이다. 그렇다면 지금, 우리가 행복해지기 위해서 할 수 있는 일은 무엇일까?

지금 당장 시작할 수 있는 나만의 방식을 나누고 싶다. 지금 내 뱉는 말과 마음속 생각에 긍정을 조금씩 담아보자. 이 작은 실천으로 당신의 삶이 조금씩 달라짐을 느낄 수 있을 것이다.

부드러운 카리스마

한 지방 백화점 주차장에서 아르바이트생을 무릎 꿇린 사건이 있었다. 내가 백화점에서 판매 아르바이트를 한 적이 있어서인지 그런 뉴스를 접할 때마다 감정이 이입되면서 참으로 마음이 아프다. 설령 아르바이트생의 행동이 잘못되었다고 하더라도 전후 사정을 살피지 않은 어른의 행동은 한 번 더 생각해보아야 할 문제가 아닐까.

나도 황당한 일을 겪은 적이 있다. 쇼호스트로 일을 막 시작했을 때 길을 가다 어떤 아주머니가 내 멱살을 잡고 "네가 물건을 판 사람이지?"라며 다그쳤던 사건이다. 물건을 주문했는데, 택배사 사정으로 배달이 늦어진 것을 사기 당했다고 생각해서 일어난 해프닝이었다.
세상이 점점 혼란스러워지는 것 같아 씁쓸하다. 묻지마 폭행, 묻지마 살인, 층간 소음 폭행, 주차 관련 폭행 등등, 정(情)으로 통했던 우리 사회가 점점 더 극한으로 치닫고 있는 것 같다. 지금 세상에 무엇보다 필요한 것은 따뜻함이 아닐까. 따뜻함이 넘친다면 세상이 이처럼 삭막하지는 않을 텐데 말이다.
대학생 시절 백화점에서 아르바이트했던 때 일이다. 하루는 한 소비자 때문에 백화점이 소란스러웠던 적이 있다. 누가 봐도 그 사람이 억지를 부리며 말도 안 되는 요구를 하고 있었다. 판매원이 참다 못해 한마디 말대꾸를 했는데 그로 인해 일이 더 커져 그날 3층 숙녀복 매장에서는 일대 소란이 일어났다.
시끄러웠던 대낮의 소란은 잊고 퇴근을 준비하던 중이었다. 갑자기 숙녀복 총괄 과장의 모두 모이라는 지시가 떨어졌다. 아르바이생인 나도 예외는 아니었다. 중앙 홀에 숙녀복 판매 사원을 모두 모아놓은 과장의 표정은 아주 무서웠다. 아르바이트를 하면서 한 번도 보지 못한 모습이었다. 과장은 낮에 매장 내에서 벌어진 사건 이야기를 꺼냈다. 낮은 목소리로 담담하게, 하지만 아주 무거운 목소리로.
매장에서 언성을 높이며 한바탕 소란을 피웠던 고객은 결국 사장실까지 올라가 항의를 했다고 한다. 막무가내로 다그치는 고객의 행동이 억울해서 한마디 말대꾸를 했던 판매원은 일주일 근무 정지와 동시에 수퍼바이저와 1대 1 인사 교육을 받아야 했다. 그때 상황을 알고 있는 우리로서는 너무나 억울한 조치라고 생각했지만 판매는 서비스직이다. 말 그대로 고객은 왕이다. 아무리 고객의 인격이 수준 미달이고 자격 미달이라고 해도 지갑을 들고 오는 고객이 왕인 것이다.

그날 과장은 특별히 그 판매 사원을 지적해 훈계를 하진 않았다. 판매원 전체를 모아놓고 백화점 판매 사원으로서의 서비스 자세와 태도에 대해 다시 한 번 강조했다. 에어컨이 꺼진 백화점 내에서, 그것도 온종일 서서 사람들을 응대하느라 통통 부은 종아리를 감싸 쥐고 과장의 훈계를 듣는 판매원들의 모습은 안쓰러웠다.

다시는 이런 일이 일어나지 않도록 하라는 지시와 함께 우리는 그 자리에서 이미 예전에 받았던 고객 응대법과 상냥한 미소 짓기, 인사법을 30분 넘게 다시 교육받아야 했다. 다들 기진맥진한 것은 말할 것도 없다. 하지만 육체의 피로보다 억울한 마음의 상처가 더 힘들었다. 아무리 서비스직이라고 해도 노예가 아닌데, 왜 그런 수모를 당하고도 웃어야 하는지 마음 깊은 곳에서부터 분노가 꿈틀거렸다. 당장 아르바이트생인 나조차 이해하기 힘들었다.

그때 과장이 식품부에 부탁해 미리 준비해놓은 수박을 가져왔다.
"너희들 많이 힘들지? 안다. 나도…….''
수박과 함께 어깨를 다독이며 건네는 과장의 말 한마디에 마치 약속이라도 한 듯 중앙 홀은 울음바다로 변했다. 누가 먼저랄 것도 없이 흐느끼기 시작했다. 아니, 게워냈다는 표현이 맞을 것 같다. 내 눈에서도 굵은 눈물방울이 뚝뚝 떨어졌다. 그날 우리는 달콤하고 시원한 수박이 아니라 짜고 뜨거운 눈물을 먹었다.
지금까지도 나는 8월의 뜨거웠던 그날 밤을 잊을 수 없다. 사회에서는 내 마음이 용납하지 않아도 받아들여야 하는 상황이 있다는 걸 어린 나이에 너무 일찍 알아버렸다. 하지만 그와 동시에 과장의 직원 훈계 방법에도 감동받았다. 숙녀복 매장 담당 책임자니 분명 사장실에 가서 더 큰 수모를 당하고 왔을 터였다. 말대꾸를 한 직원에게 화가 났을 수도 있다. 꾸지람하듯 훈계하고 그냥 뒤돌아갔을 수도 있을 터였다.
만약 낮에 있었던 일 때문에 과장이 판매원들에게 화내고 그냥 가버렸다면 다들 다시 일할 마음이 생겼을까. 어쩌면 다들 의욕이 꺾이지 않았을까. 구겨진 자존심에 사표를 집어던지지 않았을까. 이것도 나의 짧은 생각인지도 모르겠다. 하지만 "힘들었지. 나도 안다"라는 그 말 때문에 우리는 다음 날 다시 아무렇지도 않게 웃는 얼굴로 일할 수 있었던 것만은 확실하다. 말 한마디의 힘이, 마음을 어루만지는 진심의 힘이 얼마나 큰지 그날 난 배웠다. 당시 직원의 어깨를 토닥이던 과장이 지금의 롯데물산 노병용 대표이사다.

부드러운 카리스마.

그에게서 느낀 것이 바로 부드러운 카리스마였던 것 같다. 나는 이 두 단어의 조합을 아주 좋아한다. '부드럽다'라는 말에는 나약한 이미지가 있고, '카리스마'는 두려움과 강함만을 강조하는 것 같아 거부 반응이 생긴다. 부드럽기만 하면 금세 쓰러질 것 같고, 강하기만 하면 딱딱해서 부러질 것 같다. 그런데 두 단어가 만나면 태풍의 눈처럼 고요한 강함이 느껴진다. 두려움을 느끼며 억지로 따라가는 것이 아니라 부드러움에 이끌려 자연스럽게 믿고 따르게 된다. 그래서 부드러운 카리스마를 성공하는 사람들의 가장 두드러진 공통점으로 꼽는 것인지도 모르겠다.

사회생활을 하다 보면 결코 부드럽기만 해서는 안 된다. 부드러움 속에 어쩌지 못하는 힘이 있어야 한다. 그 힘에는 실력, 능력, 흡인력, 매력 등 많은 것이 함축적으로 담겨 있다. 남자와 달리 본래 따뜻한 면면을 지니고 있는 여자가 이런 '부드러운 카리스마'에 접근하기에 더 유리하지 않을까.

유연한 사고를 통해 자신만의 매력을 발산하고, 내면을 갈고 닦으면서 본래 지니고 있는 원천적인 힘을 발휘한다면 부드러운 카리스마도 결코 잡지 못할 허상은 아닐 것이다. 상대의 진심을 얻고 세상과 소통할 수 있는 아름다운 힘. 부드러운 카리스마를 발휘하는 사람들이 많아진다면 좀 더 세상은 살 만한 아름다운 곳이 되지 않을까.

아름다운 세상,
아름다운 생각

지금도 그렇지만 나는 예전에도 여행을 참 많이 다녔다. 틈만 나면 체험이라는 이유로 아이들을 데리고 산으로, 들로, 바다로 다녔다. 출장도 참 많이 다녔다. 그래도 나는 여행이 좋다. 더 많은 곳, 더 먼 곳으로 여행을 떠나고 싶다. 여행을 하는 이유는 무엇일까?

삶을 살아가는 방법, 삶의 방향을 우리는 책을 통해서도 배우고 어른들을 통해서도 배우긴 하지만 결국 여행을 통해 나와 다르게 살고 있는 수십만 가지의 세상 사람들의 모습을 보면서 배우는 것은 아닐까.

나는 특별히 정해서 믿는 종교가 없다. 하지만 비행기가 이륙

할 때마다 느낀다. 비행기가 하늘로 오르는 순간, 모든 것이 성냥갑처럼 보이고 사소하게 변해버린다. 우리가 개미를 하찮게 여기지만, 그래도 개미는 인간 눈에 띄기는 한다. 하지만 비행기에서 내려다보면 사람은 보이지도 않는다. 만약 신이 하늘에서 땅을 내려다본다면 인간들이 얼마나 하찮고 하찮고 또 하찮을까. 그럼에도 사람들은 잘난 척하며 아웅다웅 살아간다.

비행기를 타고 몇 시간씩 지구 반대편으로 날아가 우리와 닮은 듯, 다르게 살아가는 다른 피부색을 가진 사람들을 보면 많은 생각을 하게 된다. 즐겁게 사는 사람, 격조 있게 사는 사람을 보며 나도 저렇게 살면 참 좋겠다고 생각한다. 반대로 낮은 곳에서 사는 사람들을 보면서는 이런 삶도 있구나, 감사하며 부끄럽지 않게 열심히 살아야겠다, 나를 반성하고 자꾸 되돌아보게 된다.

여행에서 아주 많은 것을 배운 곳이 있다. 이집트다. 이집트로 떠나기 얼마 전 이탈리아를 2주 정도 여행했다. 로마, 피렌체, 베니스, 밀라노……. 너무나 아름다운 나라였지만, 이집트를 여행한 뒤 이탈리아는 아예 생각나지 않을 정도였다. 아이들도 마찬가지였다. 두 곳 모두 함께 여행했지만, 아이들도 이탈리아보다는 이집트를 더 많이 기억한다.

아주 우연히 친구를 따라갔던 여행이었다. 비행시간만 28시간이 걸렸다. 두바이를 경유해 이집트로 들어갔는데, 아무 정보 없이 처음 본 두바이는 무척이나 깨끗하고 세련되어서 감탄사가 저절로 나왔다. 그런데 이집트 여행이 끝나고 되돌아올 때 들른 두바이는 가짜 도시 같았다. 짐 캐리가 주연한 영화 〈트루먼쇼〉처럼 두바이는 마치 세트장 같았다. 그 속에서 때 묻지 않은 하얀 히잡을 뒤집어쓰고 걸어 다니는 사람들도 모두 영혼 없는 인형처럼 느껴졌다. 첫인상과 달리 너무나 낯설었다.

이집트 여행이 편했던 것은 아니다. 화장실도 없고, 모래바람이 쉴 새 없이 부는 척박한 환경이었다. 낮에는 30℃를 웃돌다 밤에는 영하 20℃ 이하로 떨어지는 극한 체험이었다. 여행을 가면 귀고리도 하고, 선글라스도 끼고, 옷도 예쁘게 차려 입지만, 이집트에서 그런 것들은 전혀 필요가 없었다. 뜨거운 열기와 먼지, 모래 바람 때문에 우리도 이집트인과 똑같은 모습으로 머플러를 둘둘 감고 여행할 수밖에 없었다.

사막이라고는 사하라 사막밖에 몰랐던 내게 이집트의 바흐레야 사막은 많은 것을 보여주었다. 오프로드 지프차를 타고 덜컥이며 들어가는 사막 여행은 죽기 전에 꼭 한번 해볼 만하다. 세상에는 아름다운 곳이 정말 많지만 그중에서 사막은 지구의 경이로움과 인간의 삶에 대한 끈질긴 집착을 보여주는 곳이기도 하다.

바흐레야 사막은 블랙 사막, 크리스털 사막, 화이트 사막 등 사막의 다채로운 모습을 보여준다. 바흐레야 사막이 유명한 이유가 있었다. 그곳은 인생 그 자체였다. 화산재가 굳어 형성된 블랙 사막은 마치 외계 행성인 것 같은 착각을 불러일으켰다. 1킬로미터 앞에서 바라보는 사막은 온통 새까맣게 보였다. 순간 머리가 멍해지는 느낌이다. 그러나 가까이 다가가면 갈수록 검정색은 사라진다. 가까이 가서 보면 그냥 누런 색의 모래일 뿐이다. 혼란스러웠다.

"눈에 보이는 것이 전부가 아니다."

이런 말이 왜 나왔는지 블랙 사막을 가보면 실감할 수 있다.

크리스털 사막은 멀리서 보면 다이아몬드가 박혀 있는 것처럼 반짝인다. 눈을 뜰 수 없을 정도로 아름답다. 사막을 통째로 갖고 싶을 정도다. 그러나 가까이 다가가서 보면 그저 석영질의 돌에 불과하다. 그다지 반짝이지도 않는다. 우리가 남의 것을 볼 때, 내가 가지지 못한 것을 볼 때, 커 보이고 좋아 보이고 탐이 나는 것과 똑같은 이치이다.

화이트 사막에서는 물고기 화석을 잔뜩 볼 수 있다. 과거 바다였던 이곳이 사막이 되었다면 언젠가 또 바다가 될 수도 있을까 상상하게 된다. 자연의 신비로움에 입을 다물지 못한다. 이렇게 위대한 자연의 모습을 볼 때면 서로 잘났다며 헐뜯고 싸우는 인간의 모습이 얼마나 하찮은지 깨닫는다.

"가이드 언니, 저기 불씨가 안 꺼졌어요."

밤이 되어 모닥불을 피워놓고 두런두런 이야기를 나누다가 불을 끄고 텐트로 들어가려고 할 때 불씨를 발견했다. 불이 나면 안 되겠기에 가이드를 불렀다.
"별이에요."
순간 내 귀를 의심했다. 지상의 끝과 끝, 나를 둘러싸고 180도로 펼쳐진 대자연의 밤하늘에, 과학관의 천문관에서나 볼 수 있는 인공별처럼, 수만 개의 진짜 별이 촘촘하게 박혀 반짝이고 있었다. 순간 눈물이 핑 돌았다. 눈물 나게 예쁘다는 표현을 이집트의 밤하늘을 보고 알 수 있었다.
너무 추워서 핫팩을 스무 개씩 붙이고, 옷을 여덟 겹이나 껴입고 텐트에 누워야 겨우 잠이 들 수 있는 사막의 밤이었다. 그럼에도 그 장관을 놓치기 싫어 텐트에서 목만 쏙 빼고 하늘을 향해 누웠다.
하늘에서 유성이 하나, 둘, 셋, 넷, 다섯…….
셀 수 없이 떨어졌다. 우리나라에서는 날짜를 맞춰서 특정 장소에 가야 볼 수 있는 유성이 이집트 사막의 밤하늘에서는 비처럼 쏟아지고 있었다. '아름답다'라는 말로도 부족한, 정말 황홀한 풍경이었다. 별이 비 오듯 떨어지던 밤하늘을 바라보다 잠이 들었지만, 별과 유성은 밤새 나의 머리 위를 지나고 있었을 것이다.
여행은 조용히 많은 이야기를 들려준다. 그래서 인생에서 여행이 필요한 것이 아닐까. 젊었을 때 많은 것을 보고, 많은 것을 경험하면 사고의 폭도 넓어질 뿐 아니라 사람을 대하는 철학, 인생을 바라보는 가치관, 세상에 대한 감사함 등 많은 것을 알게 된다.

또 여행이란, 떠나기 위해 가기도 하지만 돌아옴으로써 완성되는 것이기도 하다. 이것이 바로 진정한 여행이라고 생각한다. 여행지에서 우리는 "정말 좋다"를 연발한다. 하지만 아이러니하게 집으로 돌아오면 "역시 내 집이 제일 좋아"라고 말한다. 현지 음식을 먹으며 "나는 외국 음식이 참 잘 맞는 것 같아"라고 하다가도 집으로 돌아와 김치찌개와 된장찌개를 찾으며 "역시 한국 사람은 김치찌개를 먹어야 해"라고 한다. 결국 우리는 우리가 지금 있는 이곳의 소중함을 알기 위해 여행을 떠나는 것이 아닐까.

매일 반복되는 일상에 짜증을 내지만, 일상을 탈출하면 내가 있는 곳이 얼마나 소중한지를 깨닫는다. 편하지만, 내가 늘 있는 곳이기 때문에 편하다고 느끼지 못하는 것을 여행을 통해 느낀다. 그래서 여행은 돌아오기 위해 떠나는 것이고, 일상의 소중함을 알기 위해 돌아오는 것이다.

어쨌든 이집트는 언젠가 꼭 다시 도전하고 싶은 여행지 중 한 곳이다. 척박한 환경을 이겨낼 용기가 또 한 번 생긴다면 말이다. 내가 좀 더 나이가 들고, 인생의 경험이 지금보다 풍부해지면, 그때는 이집트가 또 어떤 모습으로 내게 이야기를 걸어올까? 상상과 기대만으로도 가슴이 설레고 반갑다.

명품 골라주는 여자

다음 중 아는 브랜드에 체크해보세요.

☐ 샤넬	☐ 태그호이어	☐ 불가리
☐ 루이비통	☐ 에르메스	☐ 펜디
☐ 프라다	☐ 마크제이콥스	☐ 끌로에
☐ 구치	☐ 고야드	☐ 브라이틀링
☐ 버버리	☐ 롤렉스	☐ 위블로
☐ 입생로랑	☐ 발렌시아가	☐ 베르사체
☐ 지방시	☐ 페라가모	☐ 오데마피게
☐ 몽블랑	☐ 아이더블유씨(IWC)	☐ 쇼파드
☐ 까르띠에	☐ 미우미우	☐ 돌체앤가바나
☐ 코치	☐ 파텍필립	☐ 아르마니

나는 쇼호스트,
명품 쇼호스트이기 이전에
'가치 스타일리스트'가 되길 원한다.

명품이기 때문에 가치를 부여하는 것이 아니라,
좋은 물건이기 때문에
가치를 부여하는 사람 말이다.

이중에서 알고 있는 명품 브랜드는 몇 개인가? 열 개? 스무 개? 아니면 전부 다 알고 있을지도 모르겠다. 이 브랜드는 포털에서 찾은 '검색어로 보는 명품 브랜드 순위(2015년 7월 기준)' 리스트다. 명품은 이 외에도 많다. 막스마라, 크리스찬 디올, 티파니앤코, 휴고보스, 톰포드, 에스까다, 발망, 겐조, 발렌티노, 로에베, 보테가 베네타, 쇼메……. 전부 열거하기도 힘들다.

사람들은 나를 명품 쇼호스트라고 한다. 현대홈쇼핑에서 명품 프로그램을 고정적으로 맡으면서 '명품 골라주는 여자'라는 이미지가 뿌리내려졌다. 나도 이삼십 대에는 명품이 명품이라서 좋았다. 사람들이 좋아하는 비싼 수입 브랜드 제품을 나도 좋아한 것이다. 그러나 이제는 '비싼' 명품에만 주목하지 않는다. 명품이 나쁘다는 것이 아니다. 여전히 내가 갖고 싶은 리스트에는 명품도 포함되어 있다. 하지만 일 때문에 명품을 공부하고, 명품을 이해하기 위해 소위 말하는 짝퉁과 진짜를 모두 번갈아 써보면서 명품에 관한 생각이 많이 바뀌었다. 명품의 질이 달라졌다는 것이 아니라 내가 명품을 바라보는 기준이 바뀐 것이다.

분명 명품은 좋은 제품이다. 명품에 집착하는 사람을 보면 정신 나간 것처럼 취급하는 사람도 있지만, 명품은 분명 경험해볼 필요가 있다는 것이 내 생각이다.

'갖고 싶으면 가져라.'

이게 평소 내 지론이다. 그래야 명품이 왜 명품인지 알게 되고, 왜 비싼지도 알게 된다. 그리고 물건을 아껴 쓰는 방법도 알게 된다. 동시에 비싼 명품에만 집착할 필요가 없다는 것도 알게 된다. 자꾸 써보면 반드시 명품을 고집할 필요가 없다는 것을 알게 된다. 경험이 그 누구도 가르쳐 주지 않은 해답을 가르쳐준다. 명품은 경험이다. 물건이든 여행이든 써보고 체험하는 것이 최고다. 여행도 떠남을 통해서 느끼는 것이 있듯, 명품도 명품을 통해 배우는 것이 있기 때문이다.

단, 명품에 대한 자신만의 기준은 가지고 있는 것이 좋다. 나는 나름대로 물건을 사는 나만의 기준이 있다. 가장 우선순위는 내게 어울리는 이미지와 브랜드를 찾는 거다. 트렌드를 쫓아 물건을 사는 경우는 없다. 사람마다 어울리는 것이 다르기 때문이다. 다음은 가격이다. 물건은 정해놓은 가격 내에서 산다. 1억 원짜리 시계가 좋다고 해서 능력도 안 되는 내가 그 시계를 살 수는 없다. 나뿐만이 아니다. 아무리 부자라고 해도 무조건 명품만 사다 보면 빚에 허덕일 수밖에 없다. 그래서 내 능력에서 살 수 있는 상한선을 정해두고 물건을 산다. 쇼핑 장소도 대중없다. 백화점, 동대문, 길거리, 홈쇼핑 등 어느 곳에서라도 내게 어울리는 가방이나 옷이 있으면 산다.

물건은 비싸다고 다 좋은 것도 싸다고 다 나쁜 것도 아니다. 내가 사고 싶은 좋은 물건은 나를 설레게 하고 값을 떠나 갖고 싶고 세월이 지나도 많은 사람에게 사랑받는 것이다. 마찬가지로 내게 명품이란 아무리 싼 물건이라도 나의 이야기가 담겨 있고, 품질이 좋고, 소중한 것을 의미한다. 내게 소중하기 때문에 귀하게 여기고 아낀다. 비싸서 지금 당장은 살 수 없지만, 언젠가 갖고 싶은 물건이 있다면 그런 물건도 명품이 될 수 있다. 그런 의미에서 명품은 '가격'과 상관없다. '가치'가 기준이 된다.

내겐 3천 원 정도 하는 니베아도 명품이다. 니베아는 고가의 피부 재생 크림보다 주름 관리에 더 효과적이라는 연구 결과를 가지고 있는 브랜드다. 이런 가치를 모르는 사람들은 니베아를 선물받았다고 좋아하지 않겠지만, 니베아의 가치를 아는 사람은 좋은 선물을 받았다고 고마워할 것이다.

아버지가 주신 만년필도 내겐 명품이다. 가격으로 따지면 비싸지 않지만 나의 첫 책이 나왔을 때 아버지가 주신 소중한 물건이다. 그래서 여러 개의 만년필 중 제일 좋은 자리에 두고 소중히 사용하고 있다. 지금은 내가 갖고 있지 않지만, 초등학교 4학년 때 받았던 미키마우스 시계도 내겐 명품이었다. 미키마우스의 팔이 분침과 시침이었는데, 이게 야광이었다. 오빠와 함께 이불을 뒤집어쓰고 시계를 보며 즐거워했던 추억이 있다.

이렇듯 자신만의 명품 리스트를 만들어보는 것도 좋다. 비싸거나 유명한 물건이어서가 아니라 자신만의 스토리가 있고 버리지 못하는 귀한 것, 앞으로 갖고 싶은 명품이 무엇인지 써보는 것이다. 이렇게 리스트를 만들어보면 물건을 다른 각도에서 바라볼 수 있는, 발상의 전환을 할 수 있을 것이다.

오랫동안 상품을 취급하다 보니 물건 보는 눈은 최고라고 생각한다. 모두 경험치가 쌓여서 생긴 결과다. 모르고 구입하는 것과 알고 구입하는 것은 천양지차다. 쇼핑을 잘하는 사람은 어김없이 쇼핑을 많이 해본 사람이다. 보기에 별로인 물건을 사오는 건, 그 물건이 최고인 줄 알기 때문이다. 그러므로 좋은 물건을 고르고 못 고르고는 결국 경험에 달렸다고 본다.

나는 쇼호스트, 명품 쇼호스트라는 호칭과 더불어 이젠 '가치 스타일리스트'라고도 불리길 원한다. 명품이기 때문에 가치를 부여하는 것이 아니라, 좋은 물건이기 때문에 가치를 부여하는 사람 말이다. 요즘에는 저렴하면서도 좋은 물건이 아주 많다. 그런 물건의 가치를 발견하고 가치를 부여하며 사람들에게 그 가치를 전달하고 싶다. 이것은 이십 년을 쇼호스트로 일해온 나의 새로운 바람이기도 하다.

명품 같은
사람

물건에 명품이 있다면 사람 중에도 명품 같은 사람이 있다. 싸구려 물건에 명품 라벨을 붙였다고 해서 명품이 될 수 없듯이, 명품으로 온몸을 치장하고 있다고 해서 그 사람 자체가 명품이 될 수는 없다. 명품과 비슷한 짝퉁은 만들 수 있지만, 명품에 담긴 철학까지 담지는 못하는 것처럼 말이다.

품질만 좋다고 해서 그 브랜드를 명품이라고 하지는 않는다. 명품은 좋은 물건을 만들기 위한 장인의 노력과 철학이 제품에 담기면서 가치를 인정받는다. 그래서 명품은 그들만의 역사와 스토리가 있다. 사람도 마찬가지다. "나는 오늘부터 교양 있는 사람!"이라고 선언한다고 해서 아무도 그 사람을 교양 있는 사람으로 보지 않는다. 교양이란 겉으로 드러나는 치장이 아니라 오랜 시간을 거쳐 쌓인 내면의 인성이 안에서부터 배어나오는 것이다.

물건을 대하는 자세도 그렇다. 샤넬백을 가지고 있다고 해서 그 가방이 누구에게나 명품이 되는 것은 아니다. 부자에게 샤넬백은 그저 수많은 가방 중 하나일 뿐이다. 다른 사람의 눈에는 샤넬백이지만, 샤넬백의 가치를 제대로 인정하지 않고 함부로 취급한다면 샤넬백은 그 사람에게 있어 그저 비싼 가방일 뿐이다. 20~30만 원짜리라도 가방을 좋아하고 아껴서 소중히 다루면 그 가방은 그 사람에게 있어 명품이다. 결국 난 자신의 물건을 소중히 다루는 사람이 명품 같은 사람이라고 생각한다.

또한 좋은 물건을 선물 받았을 때 감사함을 표현할 수 있고, 귀한 물건을 가진 사람을 향해 시기와 질투가 아닌, "좋은 물건을 가지셨네요"라며 알아주고 칭찬해줄 수 있는 사람이 명품 같은 사람이라고 생각한다. 그러기 위해서는 물건에 대한 가치도 알아야 한다. 그리고 이런 태도는 물건에 대해 늘 관심을 가지고 공부해야 얻을 수 있는 것들이다.

책은 교양을 쌓는 아주 기본적인 요소라고 생각한다. 책은 내가 직접 해볼 수 없는 많은 경험을 간접적으로 해볼 수 있게 만들기 때문이다. 세상에 대한 많은 정보와 인간 세계에 대한 철학을 얻을 수 있기 때문이다. 나는 항상 책을 가까이하려고 노력한다.

스콧 피츠제럴드의 〈위대한 개츠비〉를 읽으면서 주인공인 개츠비가 명품 같은 남자가 아닐까 생각했고, 제인 오스틴의 〈오만과 편견〉을 읽으면서는 결혼을 둘러싼 인물들간의 복잡미묘한 관계에 흥미를 느꼈다. 시대를 앞서갔기에 외롭게 살다가 일찍 세상을 떠난 제인 오스틴의 작가적 역량에 대해서도 감탄했다. 정호승 시인의 산문집인 〈내 인생에 힘이 되어준 한마디〉는 마음의 위안을 많이 얻는 책이라 항상 가까이 두고 있다.

그러나 이런 물건에 대한 기준 말고, 진짜 교양 넘치는 명품 같은 사람이란 인간에 대한 진정한 이해와 배려를 할 줄 아는 사람이 아닐까 생각한다. 우리가 멀리하고 싶어 하는 사람은 지식을 무기로 아는 척, 잘난 척하는 사람이다. 이런 사람은 아무리 교양 있는 척해도 그 행실에 믿음이 가지 않는다. 진정한 교양인이 아니라고 생각하는 것이다.

또 나는 여자의 진짜 아름다움은 따뜻함에서 비롯된다고 생각한다. '세상을 지배하는 건 남자지만, 남자를 지배하는 건 여자'라는 말에 공감한다. 남자도 사람인데, 결국 사람을 품는 것은 따뜻함이기 때문이다. 마음이 가고, 눈길이 가는 건 예쁜 외모가 아니라 결국 마음속에 품은 따뜻함에서 비롯된다. 이런 따뜻함에서 여자의 모성도 나오고, 아내의 부드러움도, 딸의 애교도 나온다고 생각한다.

말투가 고급스럽다고 해서
아는 게 많다고 해서
행동이 우아하다고 해서
그것이 교양의 잣대가 될 수는 없다.

진정한 교양인이라면
**그 이면에 상대방의 입장을
충분히 이해하고 배려하는 마음,
따뜻함이 있어야 한다.**
그래야 진짜 명품 같은 사람이다.

따뜻한 마음이 있다면 결코 세상에 전쟁은 없을 것이다. 여자들의 따뜻함이야말로 결국 세상을 평화롭게 하는 진정한 사랑이 아닐까.

말투가 고급스럽다고 해서, 아는 게 많다고 해서, 행동이 우아하다고 해서 그것이 교양의 잣대가 될 수는 없다. 진정한 교양인이라면 그 이면에 상대방의 입장을 충분히 이해하고 배려하는 따뜻한 마음이 있어야 한다. 그래야 진짜 명품 같은 사람이다.

나눌수록 커지는 행복

쇼호스트 1세대고, 나와 관련해 이런저런 이슈가 있다 보니 인터뷰 요청이 많이 들어오는 편이다. 인터뷰를 하다 보면 꼭 물어보는 질문이 하나 있다.

"쇼호스트를 하면서 가장 행복했을 때는 언제입니까?"

나는 이 질문을 받을 때마다 꼽는 사연이 하나 있다. 1997년 IMF 때 부도날 뻔한 작은 중소기업을 홈쇼핑을 통해 살렸던 일이다. 그 업체는 국내 유명 여성 브랜드에 상품을 만들어 공급하는 하청업체였는데, 납품하는 브랜드 사정이 어려워지면서 만들어 놓은 옷을 납품하지 못하게 되어 공장 문까지 닫을 상황에 이르렀다.

판로를 모색하다 마지막으로 손을 내민 곳이 홈쇼핑이었다. 사장님은 남아 있는 옷 3천 장을 팔 수 있다면 그걸로 직원들 밀린 월급을 주고 모든 것을 정리한 뒤 고향으로 내려가겠다고 했다. 사장이라고 볼 수 없을 정도로 허름한 모습을 하고, 의욕이라고는 전혀 찾아볼 수 없었던 그분은 방송 전 머뭇머뭇하며 내게 잘 부탁한다는 말과 함께 내게 몇 번이나 인사를 했다.

나는 가장 좋은 방송은 솔직하고 정직한 방송이라고 생각한다. 이때도 업체가 처한 상황을 솔직하게 그대로 이야기했다. 백화점 품질에 가격이 저렴하게 책정되었던 옷의 반응은 걱정과 달리 폭발적이었다. 방송 시작 15분 만에 준비한 모든 물량이 매진되었다.

판매는 짧은 시간에 이루어지지만, 제품을 방송에 내보내기 전까지는 많은 시간을 필요로 한다. 방송에서 소개할 준비 수량은 어떻게 할 것인지, 누가 게스트로 출연할 것인지, 가격은 어떻게 할 것인지, 무대는 어떻게 할 것인지, 스태프들은 일주일 전부터 머리를 맞대고 전략을 세운다. 나는 회의가 끝난 후 의류 도매상에 들러서 가격 조사를 하고, 다시 백화점에 들러 유행을 조사하고, 내가 판매할 옷과 비슷한 디자인의 옷들을 찾아 비교 분석한다. 업체 물건을 많이 판매하기 위해서는 발품을 아끼지 말아

점점 각박해지는 현대 사회에서
단순히 나만 잘 먹고 잘살겠다가 아니라,
몇 억이라는 판매의 신화만
기억되는 것이 아니라,

**작은 나눔이라도
실천하고 베푸는 삶이**
아름답고 행복하다는 것을
모든 사람과 함께 기억하며 행동하고 싶다.

야 하는 법이다. 15분 방송 시간을 위해 몇 십 배나 되는 시간을 투자해야 하는 것이다.

이런 노력 덕분인지 이날 방송은 좋은 결과로 마무리됐다. 방송이 끝난 후 아버지뻘되는 사장님이 내 손을 붙잡고 연신 허리를 굽혀 고맙다며 눈물을 글썽였다. 그 모습을 보는 내 눈에도 눈물이 핑 돌았다.

업체는 그날 방송 한 번으로 직원들 밀린 월급을 해결했다. 뿐만 아니라 공장까지 다시 가동하게 되었다. 홈쇼핑 방송이 기업 하나를 살린 것이다. 그때의 뿌듯함이란 말로 다 표현할 수가 없다. 나의 노력이 헛되지 않았다는 안도, 나의 재능이 누군가에게 도움이 되었다는 기쁨, 내게도 기업을 살릴 수 있는 힘이 있다는 행복…… 이런 나의 복잡한 심정을 어떻게 말로 다할 수 있을까.

솔직히 나는 무의식적으로 그전까지 쇼호스트는 그저 시청자에게 물건을 판매하는 사람 정도로 생각했는지도 모르겠다. 어쩌면 내 마음 깊은 곳에 찌꺼기로 남아 있었을지도 모를, 쇼호스트라는 직업을 경시했던 마음이 남아 있었는지도 모르겠다. 하지만 이날 방송을 계기로 그런 생각은 내 가슴속에서 눈 녹듯 완전히 사라졌다.

나눔의 행복은 크다. 사람을 아름답고 행복하게 한다. 나눔이 꼭 거창해야 할 필요도 없다. 우리는 기부, 나눔을 너무 크게 생각한다. 하지만 나눔은 작은 데에서 시작한다. 주변을 돌아보아도 고사리 같은 손으로 모은 저금통을 털어 기부하는 아이들, 폐지를 주워 생활하면서도 나눔을 실천하고 사는 사람은 많다.

따뜻한 이야기로 이슈가 된 '영철버거' 사연도 훈훈하다. 배고픈 대학생을 위해 천 원짜리 햄버거를 팔면서 고려대학교 명물이 된 영철버거가 15년 만에 폐점하게 되자 단골들이 영철버거를 살리기 위해 펀딩한 사연이다. 영철버거 펀딩은 5일 만에 2천 명이 넘는 사람이 참여했고, 5천만 원 이상이 모금되었다고 한다. 기부한 사람은 대부분 과거 영철버거에 자주 가던 단골들이었다. 영철버거 사장은 가게가 어려운 상황에도 매년 2천만 원이 넘는 장학금을 고려대학교에 기부하고 있었던 것으로 밝혀져 더 큰 감동을 자아냈다.

나는 이처럼 작은 기부도 사회에서는 큰 역할을 한다고 믿는다. 내가 가지고 있는 작은 재능을 기부하는 것만으로도 사회는 변화한다고 생각한다.

15년 전쯤 내가 진행하는 디자이너 초대전 방송에서 밸런타인데이 이벤트로 디자이너와 내가 소비자가 주문한 물건과 함께 장미꽃 백 송이가 담긴 바구니와 와인을 직접 배달한 적이 있다. 당첨된 사람은 모두 세 명이었다. 한 명은 결혼 후 남편에게 처음 받는 결혼기념일 선물이었고, 또 한 명은 장애인 아들을 키우고 있는 삼십 대 후반의 어머니었다. 그리고 또 한 명은 동생에게 줄 선물로 옷을 주문했다가 이벤트에 당첨되었다. 우리는 그날 충청도와 서울 곳곳을 누비며 선물을 배달했다. 매번 스튜디오 안에서 방송만 하다 밖으로 나가 직접 소비자와 대면하는 감동은 또 달랐다. 각기 다른 사연을 가진 사람의, 다양한 삶의 모습을 보면서 단순히 물건을 판매하는 것이 아니라 쇼호스트로서의 남다른 각오를 느낄 수 있었던 행사였다.

그 후 나는 내 재능을 단지 방송, 판매, 매출만을 위해서가 아니라 사람들과 행복을 나누기 위해 사용하려고 노력하고 있다. 나의 능력으로 세상을 티끌만큼이라도 밝고 환하게 바꿀 수 있다면 그것이 나의 역할이라고 생각하고 그로 인해 나도 행복하다. 그렇게 작게라도 나누고, 함께 느끼고, 행복해지고 싶다.

얼마 전 강남구 후원으로 '제1회 유난희 바자회 with Dream Makers-너의 별이 되어줄게'라는 타이틀의 행사를 기획해 진행했다. 어려운 상황 속에서도 희망을 잃지 않고 살아가는 소년소녀 가장들을 응원하기 위해 기획한 행사였다. 나의 취지에 공감하는 사람들이 함께 동참해준 귀중한 자리였다. 이런 행사는 처음이었고 규모 역시 크지 않았지만, 그날 행사에서 모은 천만 원 전액을 소년소녀 가장 돕기 기금으로 기부했다. 이렇게라도 나는 조금씩 나눔을 실천하고자 한다.

점점 각박해지는 현대 사회에서 단순히 나만 잘 먹고 잘살겠다가 아니라, 몇 억이라는 판매의 신화만 기억되는 것이 아니라, 작은 나눔이라도 실천하고 베푸는 삶이 아름답고 행복하다는 것을 모든 사람과 함께 기억하며 행동하고 싶다.

엄마는
아름답다

네가 아침에 눈을 떠
처음 생각나는 사람이
언제나 나였으면
내가 늘 그렇듯이
좋은 것을 대할 때면
함께 나누고픈 사람도
그 역시 나였으면

네가 힘들어 지칠 때
위로받고 싶은 사람이

바로 내가 됐으면
내가 늘 그렇듯이
너의 실수도
따뜻이 안아줄 거라 믿는 사람
바로 내가 됐으면

이원진의 〈시작되는 연인들을 위해〉라는 곡의 가사 일부다.
예쁘게 꾸민 신혼집에서 사랑하는 사람과 알콩달콩 행복하게 살기. 싱글이라면 대부분 결혼에 대한 핑크빛 환상을 꿈꾼다. 나도 결혼 전에는 그랬다. 결혼하면 재미있는 일만 있을 줄 알았다. 하지만 결혼은 현실이다.

전혀 다른 공간에서, 전혀 다른 삶의 방식으로 살던 두 사람과 그 가족이 만나 새로운 가족을 형성하는 과정이다. 우여곡절이 많을 수밖에 없다. 결혼 후 한동안 이 노래의 가사는 정말 시작되는 연인에게나 적용할 수 있는 것 같았다. 하지만 지금 내게 항상 좋은 것을 나누고 싶고, 실수도 따뜻하게 안아줄 수 있는 사람이 있으니 바로 우리 아들들이다.

나도 한때는 일하면서 집안일까지 잘할 수 있을 것이라는 믿음을 가진 적이 있다. 하지만 그건 환상에 불과했다. 물론 찾아보면 일과 집안일을 동시에 잘하는 워킹맘이 분명 있을 것이다. 그렇지만 내게 두 가지 일을 동시에 완벽하게 잘한다는 것은, 슈퍼맨의 엄마라도 되면 모를까 도저히 불가능했다. 그래서 언젠가 일과 집안일을 잘해내는 워킹맘을 소개하는 프로그램 출연 제의를 받았을 때 단번에 거절했다. 나는 결코 그런 완벽한 사람이 아니기 때문이다.

대한민국에서 워킹맘으로 살아간다는 것은 정말 고달프다. 시대 눈치, 남편 눈치, 아이 눈치를 봐야 하고, 게다가 주변 사람들 시선까지 의식해야 한다. 집에서는 집대로, 직장에서는 직장대로 일하는 엄마에 대한 불신이 크다.

출산하고 나서 처음에는 일한다는 죄책감에, 아이를 두고 나가야 한다는 미안함에, 집안일도 소홀하지 않고 열심히 하려고 노력했다. 직장에서는 아이 때문에 일에 소홀해졌다는 말을 들을까 봐 더 철저하게 일하려고 애썼다. 가정과 일, 두 가지 모두 완벽하게 해야 한다는 강박관념 때문에 안간힘을 썼다. 하지만 그야말로 피나는 노력이 필요했다. 노력하면 노력할수록 주저앉고 싶었고, 포기하고 싶었고, 힘들었고, 불행해졌다.

그러던 어느 순간, 죄책감을 내려놓았다. 내가 슈퍼맘이 아니라는 것도 인정했다. 워킹맘이 느끼는 죄책감은 주변에서 만드는 것도 있지만, 스스로 만드는 것도 분명 있다. 나는 놀러 다니는 게 아니었다. 일을 핑계로 밖에 나가서 딴짓을 하는 것도 아니었다.

그저 내 일에 열심인, 열심이고 싶은 일을 사랑하는 수많은 사람 중 한 명일 뿐이었다.

죄를 짓는 게 아니라고 생각했다. 그렇게 죄책감을 내려놓자 마음이 편안해지면서 일에 더 집중할 수 있었다. 집에서는 내가 할 수 있는 최선을 다하지만, 완벽해지려고 하지 않는다. 대신 집중할 수 있는 시간 동안 아이들에게, 가정에 충실하려고 노력한다. 물론 전업주부도 본인이 좋아하고 능력이 있으면 굉장히 멋있는 일이라고 생각한다. 어느 쪽이든 자신의 선택에 있어서 당당하면 된다.

이렇게 생각함에도 불구하고 나는 아이들 이야기만 나오면 눈물부터 흐른다. 다른 엄마들처럼 엄마 역할을 제대로 잘해주지 못했기 때문이다. 그런데도 아이들이 참 바르고 착하게, 믿음직하게 잘 성장해주었다. 아이들이 어렸을 땐 이보다 더 나쁜 엄마가 없을 정도로 제대로 챙겨주지 못했다. 초등학교 저학년일 때도 준비물을 제대로 챙겨준 적이 별로 없다. 학교 선생님은 아이들이 준비물을 제대로 챙겨 와야 학교에서 자신감도 생겨서 발표도 잘하고 학교생활을 즐겁게 할 수 있다며 알림장이라도 꼭 보라고 신신당부했지만, 몸이 두 개가 아닌 이상 신경이 거기까지 미치지 못했다. 늘 허둥지둥했다.

운동회 때는 출장을 가느라, 소풍 때는 새벽부터 방송 준비하느라 아이들 학교 가는 뒷모습도 제대로 보지 못했던 엄마다. 학교 모임에 얼굴을 비친 적도 거의 없다. 학교 모임이 있는지조차 몰랐다. 그런데 이렇게 바쁜 엄마를 두고 아이들은 서로가 서로를 챙기며 스스로 성장했다. 아니, 아이들이 오히려 바쁜 엄마를 걱정하고 챙겼다.

아이들이 초등학교 저학년 때였다. 하루는 생각이 나서 가정통신문을 챙기다 학교 모임 참석 여부를 묻는 란에 아이들이 부모님 참석하지 못함에 동그라미를 그려놓은 것을 발견했다. 워낙 바쁜 엄마라 당연히 못 올 거라고 생각해서 묻지도 않고 알아서 동그라미를 친 거였다. 순간 얼마나 가슴이 뭉클했는지 모른다. 아직 어리지만, 다 자란 것 같은 두 아들에게 미안한 마음과 감사한 마음이 동시에 솟구쳤다. 마침 시간이 나서 참석으로 고쳐서 학교 모임에 나갔던 적이 있다.

가장 기본적인 젓가락, 숟가락, 물 같은 것을 챙겨주지 못하는 때도 많았다. 아이들은 엄마가 못해주면 스스로 챙겼다. 조금 자라자 엄마가 힘들까 봐 그냥 쉬라고 했다. 하루는 서로 젓가락 통을 챙기는 것을 잊어버렸다. 그날 작은 아들은 식판의 밥을 혀로 싹싹 핥아먹었다고 했다. 그 모습을 보고 친구들이 짓궂게 놀렸다고 했지만 정작 우리 아이는 덤덤했다.

내가 엄마고 어른이지만 나는 항상 아이들에게 배운다. 의젓

하게 자신이 해야 할 일을 하는 아이들, 챙겨주고 돌봐줘야 할 나이에 엄마를 먼저 생각하고 챙기는 마음, 어른보다 더 깊은 이해심……. 일하는 엄마들을 둔 아이들은 아마 다 그러지 않을까 싶다. 한때 아이들에게 너무 미안해서 석 달가량 쉰 적이 있다. 분명 아이들도 집에 엄마가 있어 좋았을 텐데 이렇게 이야기했다.

"엄마, 엄마는 일하는 게 행복하다면서요. 우리 때문에 일 못하는 거면 다시 일하세요."

기뻤어야 할 말에 왜 오히려 더 미안함을 느꼈을까. 그건 아마도 내가 엄마이기 때문일 거다. 분명한 건 아이들이 있어 지금의 내가 있을 수 있다는 사실이다.

세상의 모든 일하는 엄마는 아름답다. 여전히 가부장적인 사회에서 남자보다 몇 배가 더 힘들고 외로울 것이다. 일하며 아이들을 반듯하게 키운다는 것은 물리적으로 결코 쉬운 일이 아니다. 서로의 이해와 사랑이 녹아 있어야 한다. 물론 집에서 아이들을 착실하게 키우며 가정에 충실한 엄마들도 아름답고 존경스럽다. 한 명의 아이를 키운다는 것은 한 명의 인생을 새롭게 만드는 것과 동의어이기 때문이다.

그러므로 워킹맘에게는 아이들에게 죄책감을 가지지 말라고 이야기하고 싶다. 아이들은 인지 능력이 뛰어나다. 엄마가 느끼는 죄책감, 미안함을 그대로 느낀다. 그렇게 되면 부정적인 영향을 미칠 수밖에 없다. 나는 워킹맘들이 죄책감과 미안함 대신 아이들에게 자아성취를 위해 일하는 엄마가 당당하게 비쳐질 수 있도록 자부심을 가졌으면 한다. 아이들이 일하는 엄마를 자랑스럽게 여길 수 있었으면 좋겠다. 그리고 미안함 대신 시간이 날 때마다 아이들을 듬뿍 사랑하고 안아주었으면 좋겠다. 아이들은 그것만으로도, 감사하게도 밝고 환하게 잘 자라줄 것이기 때문이다.

아이들의 감수성은 태어난 후 3년 안에 형성된다고 한다. 그렇다고 아이들 옆에 24시간, 365일 붙어 있어야 할 필요는 없다. 절대적인 시간이 많다고 해서 엄마의 사랑이 충분히 전달되는 것은 아니기 때문이다. 아이 옆에 껌처럼 붙어 있으면서 짜증내고, 화내고, 스트레스를 아이들에게 푼다면 그것이야말로 엄마와 아이 모두에게 불행이다. 하루에 10분이라도 진심을 다해 아이들을 꼭 안아줄 수 있다면 그것이 더 큰 사랑이라고 생각한다. 그렇게 사랑하자.

만약 아이들을 돌보느라 지금 당장 꿈꿀 수 없어도 현재를 즐기라고 말하고 싶다. 꿈을 옷장 속에 예쁜 옷을 사서 넣어둔 심정으로 고이 간직하고 수시로 꺼내보면서 살기를 바란다. 잊어버리지만 않는다면 언젠가는 반드시 입을 기회가 있을 테니 말이다. 언젠가는 엄마의 꿈으로 꼭 실현될 테니까 말이다.

본질에 집중하라

'1만 시간의 법칙'이라는 것이 있다. 하루 세 시간, 십 년을 공부하면 어떤 일이든 전문가가 된다는 법칙이다. 어떤 일을 하더라도 꾸준히 하면 결과를 얻을 수 있다는 말이다. 주변을 돌아보면 일 년을 일해도 십 년을 일한 것 같은 사람이 있고, 십 년을 일해도 전혀 베테랑답지 못한 사람이 있다.

나는 이 이유를 두 가지의 원인에서 찾는다. 첫 번째는 '집중'이다. 집중하지 않기 때문이다. 건성으로 일하기 때문이라고 생각한다. 일은 얼마나 깊이 들어가느냐가 중요하다. 그게 집중이다. 그런데 이걸 놓치는 사람이 많다.

베스트셀러였던 〈몰입〉의 저자인 황농문 교수는 고도의 집중력을 발휘하면 눈에 띄는 생산적인 결과를 만들어내며, 숨어 있는 천재성을 끄집어낼 수 있다고 했다. 다시 말해 집중은 자신에게 쏟아지는 기대와 부담도 즐길 수 있게 하는 힘이며, 창의적인 아이디어를 떠오르게 하고, 해야 할 일을 즐겁게 하도록 만든다는 것이다.

똑같은 100미터 달리기 선상에 주자들이 서 있다. 출발을 알리는 총소리가 들린다. 어떤 사람은 오로지 골인에만 집중해 뛰고, 어떤 사람은 돌부리에 걸려 넘어지지 않을까 살피며 조심조심 달린다. 또 어떤 사람은 응원 나온 사람이 누가 있는지 찾으며 달린다. 과연 누가 1등을 할까.

'진정으로 좋아하는 일은 스스로 노력해서 만들어가는 것이다. 몰입은 자신의 일을 좋아할 수 있게 만들어주는 효과적인 방법이다'라는 황 교수의 말처럼 집중, 몰입이야말로 일에 있어서 꼭 필요한 요소 중 하나라고 생각한다.

또 하나는 '본질'을 놓치는 것이다. 일할 때는 자기가 하고 있는 일에 대한 코어, 다시 말해 본질을 생각해야 한다. 나는 항상 쇼호스트의 코어는 무엇일까, 생각하며 일했다. 쇼호스트는 아나운서처럼 뉴스를 전달하는 사람이 아니다. MC처럼 시청자를 즐겁게 하는 사람이 아니다. 상품에 관한 정보를 정확하게 시청자에게 전달하는 사람이다. 만약 내가 처음에 꾸었던 꿈이 아나운서라고 생각해서 아나운서 흉내를 냈다면 어땠을까? 지상파 MC처럼 굴었다면 어떻게 되었을까? 아마 지금처럼 성공하지 못했을 것이다.

가끔씩 후배 쇼호스트들을 보면 방송에서 사람들의 시선을 받는다는 것 하나만으로 자신이 연예인이라고 착각하는 경우가 있다. 물론 쇼호스트가 연예인 대접을 받을 수는 있다. 그러나 쇼호스트 본인이 스스로를 연예인으로 착각해서는 안 된다. "저 쇼호스트 연예인 같아", "저 쇼호스트, 너무 웃기다. 개그맨 같아"라는 평은 보는 사람이 내리는 것이다.

다른 사람이 내리는 평가는 그저 비쳐지는 이미지에 불과하다. 일하는 사람이 직업의 본질을 잃어버리면 결코 베테랑이 될 수 없다. 쇼호스트는 연예인도 아니고 가수도 아니고 개그맨도 아니다. 쇼호스트는 쇼호스트다. 상품에 대해 공부하고, 써보고, 체험하고, 정확하게 파악한 뒤 시청자에게 어떤 점이 좋은지, 정말 좋다면 어떻게 아름답게 표현할 수 있는지 연구하고, 아닌 부분은 왜 아닌지 냉정하게 판단해 매끄럽게 전달할 수 있어야 한다. 그런데 몇몇 후배들은 그저 자기가 어떻게 예쁘게 나오는지만 생각한다. 이런 식으로 십 년차를 맞는다면 얼굴은 더 예뻐졌을지 몰라도 쇼호스트 세계에서 베테랑은 되지 못한다. 항상 자신이 하는 일의 본질을 잊지 말아야 한다.

그건 다른 직업에서도 마찬가지다. 뉴스를 진행하는 아나운서는 프로그램을 이끌어가는 중심축이다. 뉴스를 시청자에게 정확하게 전달해야 한다. 그러므로 정확한 뉴스 전달을 위해 발음에 신경을 써야 하고 신뢰감을 주는 외모를 가꾸어야 한다.

어느 날 갑자기 아나운서가 사람을 웃기기 시작한다면 아나운서를 그만두고 예능계로 나가야 한다. 모델은 자신의 몸을 통해 옷의 가치를 전달하는 것이 본질이고 영화배우라면 연기를 잘해야 한다. 배우는 몸매가 예쁠 필요는 없다. 배우가 예쁘게 보이려고만 한다면 그건 그냥 예쁜 사람이지 배우가 아니다. 어떤 역을 맡더라도 "저 사람 연기를 정말 잘한다"라는 칭찬을 받을 수 있어야 한다.

가수도 마찬가지다. 가수는 노래를 잘해야 한다. 춤을 잘 춘다면 그건 댄서지 가수가 아니다. 만약 은행원이라면 어떨까? 돈 계산에 철저해야 하고, 실수하지 않아야 하며, 청렴결백해야 한다. 이걸 잊지 않고 항상 깨닫고 있으면 전문가가 될 수 있다. 그런데 자꾸 본질을 잊어버리고 다른 곳에 초점을 맞추면 그 일을 하고 있지만, 전문가가 될 수 없다. 아니, 그 일을 한다고 이야기할 수 없다고 본다.

많은 사람이 쇼호스트가 되기 위한 자질에 대해 궁금해한다. 쇼호스트는 실기와 카메라 테스트 때 경험이 드러나기 때문에 아나운서나 리포터 등 방송 경험이 있는 사람이 유리하다. 또 말로 상품 정보를 전달하므로 세련되고 호감 가는 말씨를 구사해야 한다. 신뢰감을 줄 수 있는 외모도 필요하다. 그리고 무엇보다 세일즈맨과 마케터 자질이 있어야 한다.

쇼호스트는 99퍼센트 대본 없이 방송한다. 그러므로 책을 많이 읽고 지식을 쌓으며 어떻게 판매를 이끌어낼 수 있을지 멘트를 연구하고 개발해야 한다. 끊임없는 관찰과 조사로 시장과 유통의 흐름을 꿰고 있어야 하고, 소비자에 대한 분석도 해야 한다. 그리고 방송을 이끌어가는 사람이기 때문에 재치, 순발력, 위트도 필요하다.

이렇게 늘어놓고 보니 쇼호스트가 되기 정말 어려운 것 같다. 하지만 이러한 자질 중에 내가 타고난 것은 없다. 결국은 훈련을 통해 만들어낸 것이다. 나 또한 수많은 노력으로 지금의 위치에 왔다. '공부에는 왕도가 없다'라는 말처럼 베테랑이 되기 위해서는 결국 훈련을 해야 한다.

주변을 돌아보면 일은 제대로 하지 않고 겉멋에 빠져 있는 사람을 간혹 볼 수 있다. 그런 사람을 보면 인상이 찌푸려진다. 반대로 자신의 일에 최선을 다하고, 열정을 불태우는 사람을 보면 '멋지다', '아름답다'라는 감탄이 저절로 나온다. 기분이 좋아진다. 그 에너지가 감염되어 나 자신까지도 열정이 끓어오름을 느낀다.

누가 뭐라고 하든 본질을 잊지 않고 자신의 일에 충실한 사람이 가장 아름답게 빛나는 법이다. 그러므로 철저하게 자신의 일을 사랑하자. 빛나는 에너지를 다른 사람에게 아낌없이 나눠줄 수 있도록 말이다.

꿈의
온도

 아나운서 시험을 준비하느라 연애다운 연애를 제대로 해본 적이 없지만, 만약 내가 연애를 했어도 양다리는 걸치지 못했을 거다. 하나에 꽂히면 그것만 바라보고 올인하는 스타일이기 때문이다. 여자들은 남자와 뇌 구조가 달라 전화를 받으면서 매니큐어를 칠하거나, 요리를 하면서 텔레비전을 시청하기도 한다. 하지만 나는 동시에 두 가지 일을 못한다. 한 가지 일을 끝내야 다른 하나를 시작할 수 있다. 그러니 이쪽저쪽 왔다 갔다 하며 신경을 써야 하는 양다리는 아예 시작도 못하거나 시작해도 금세 들통이 나고 말았을 거다. 그렇다보니 양다리를 걸치는 사람들도 그렇고 동시에 두세 가지 일을 하는 사람들을 보면 참 대단하다는 생각이 들고 부럽기도 하다.

꿈에도 온도가 있을까? 꿈의 온도를 잴 수 있다면 나의 꿈의 온도는 아마 물이 끓는 100도씨 정도는 가뿐히 넘지 않을까 싶다. 그만큼 뜨거웠고 강렬했다. 이카루스의 날개처럼 추락하더라도 열망하는 태양 가까이, 더 가까이 다가가고 싶었다. 지금도 여전히 식을 줄 모르고 끓어오르기만 하는 나의 열정이 스스로도 신기하다.

첫 직장인 아디다스 코리아 에이전시를 그만두던 날이었다. 4개월 만에 첫 직장 생활을 실패로 마무리했던 나는 씁쓸했다. 방송국에서 리포터로 일하던 친구가 이런 나를 위로해주겠다고 했다. 마침 마지막 월급과 사장님의 특별 위로금으로 주머니도 두둑하던 차였다. 나는 오랜만에 친구도 만날 겸 방송국에 대한 취업 정보도 얻을 겸 해서 거하게 쏘기로 했다.

토요일의 명동은 인산인해를 이루고 있었다. 어디에서 몰려왔는지 모를 수많은 인파로 발 디딜 틈이 없었다. 각자의 일로 바쁘게 움직이는 사람들 사이에서 나는 친구를 기다리며 사람 구경을 하고 있었다. 그런데 갑자기 많은 사람들 사이에서 한줄기 빛이 비쳤다. 강렬한 빛이었다. 한마디로 광채였다. 내 눈에만 그렇게 비쳤는지도 모르겠다. 마치 영화에서 흑백의 군중 속에 단 한 명만이 선명한 컬러로 움직이는 것 같은, 주변까지 화사하게 물들이는 광채가 내 눈에 비쳤다. 그 빛의 정체는 당시 KBS 뉴스를 진행하던 아나운서였다.

순간 나는 나도 모르게 거의 반사적으로 몸이 튕겨나갔다. 본능적이었다. 아나운서의 얼굴을 가까이에서 보겠다는 일념이었다. 용수철 튀어 오르듯 나는 마치 스토커처럼 서둘러 그녀의 뒤를 쫓기 시작했다.

'하이힐을 신었나? 키는 어느 정도지?'
'실제로 얼굴은 얼마나 작을까?'
'체형은 어느 정도일까? 말랐을까?'
'메이크업은 했을까? 아니, 맨얼굴이라도 좋아.'
'어떤 옷을 입었지?'

그 사람을 통해 아나운서의 자격 요건을 분석이라도 하듯 자세히 보고 싶었다. 그러나 수많은 사람들 사이를 헤치고 나가기란 쉽지 않았다. 그러는 사이에 아나운서는 내 시야에서 사라지고 말았다. 허탈했다. 그리고 기가 죽었다. 멀리서나마 본 그녀의 모습이 몹시도 아름다웠기 때문이다. 한껏 기가 꺾인 나는 터덜터덜 약속 장소로 되돌아왔다.

친구는 약속 장소에서 나를 기다리고 있었다. 그녀에게 아나운서를 본 이야기를 꺼내자 친구는 한바탕 크게 웃더니 기분도 안 좋을 텐데 맛있는 거나 먹자며 나를 끌고 한 식당으로 들어갔다. 점심을 먹으며 우리는 이야기꽃을 피웠다. 나는 방금 본 아나운서 이야기를 끝없이 늘어놓았고, 친구는 가을에 있을 방송국 아나운서 채용 공고에 대한 이런저런 정보를 내게 들려주었다.

한참 동안 수다를 떨다 계산을 하려고 가방을 열었다. 그런데 지갑이 보이지 않았다. 사장님이 그동안 수고했다며 월급 이외에 챙겨주신 위로금 봉투도 사라졌다. 몇 번이나 뒤졌지만 없었다. 정신을 차리고 보니 가방 옆이 찢어져 있었다. 소매치기를 당한 거였다. 아까 넋을 빼놓고 아나운서 뒤를 쫓을 때 당한 것 같았다. 망연자실했다.

"뭐야? 아나운서 얼굴 한 번 본 값이야? 그 대가치곤 너무 큰데?"

친구는 어이가 없다는 듯 웃으며 대신 점심값을 내주었다. 요즘 말로 '웃픈' 사연이다. 보잘것없는 아나운서 지망생이 잘나가는 스타 아나운서의 실물을 눈으로 확인하겠다고 지갑을 소매치기 당하는 것도 모른 채 정신없이 뛰어든 것이었다.

내 성격이 이렇다. 한번 꽂히면 1부터 100까지 오로지 그것밖에 생각하지 않는다. 다른 것은 눈에 들어오지 않는다. 온통 그 일에만 나의 신경이 집중되어 있다. 쇼호스트 일을 시작하고 이십 년이 지난 지금도 마찬가지다. 어떤 사람은 이런 나를 보고 신기하다고도 하고 이해가 안 된다고 할지도 모르지만, 이런 내 성격은 집중해서 일해야 할 때 정말 많은 도움이 된다.

쇼호스트를 하면서 내 눈에 보이는 것은 온통 방송과 상품에 관련된 것뿐이다. 성형외과 의사는 사람 얼굴만 보인다고 한다. 광고를 하는 사람들은 길거리에 붙은 포스터만 보인다고 한다. 나는 길거리를 지나가는 사람을 보면 그 사람의 스타일이 스캔된다. 무슨 색깔의 옷을 입었는지, 스커트의 길이는 어느 정도인지, 어떤 가방을 들었는지, 신발은 어느 정도 높이의 어떤 디자인인지…….

잠깐 사람을 기다리며 잡지를 봐도 허투루 보지 않는다. 어떤 스타일이 트렌드인지, 어떤 색상의 가방이 많이 보이는지, 디자인은, 무늬는, 디테일은 무엇인지 샅샅이 훑어본다. 식당에 가서도 밥만 먹는 게 아니다. 예쁜 소품이나 의자가 보이면 나중에 어떤 방송에 저런 소품을 활용할 수 있을지 생각하고, 스마트폰으로 찍어 두거나 메모한다.

이런 나의 편집증 같은 성격은 여행을 가서도 마찬가지다. 비행기 안에서도 뭔가 아이디어가 떠오르면 메모를 하고 촬영을 한다. 멋진 풍경이 눈앞에 펼쳐지면 다른 사람들은 그 풍경 속에 자신이 담기길 원하지만, 나는 판매할 상품부터 꺼내든다. 그리고 풍경에 어우러진 상품을 카메라에 담는다. 이런 나를 보며 사람들은 말한다.

"여행 와서까지 일이야? 여행 왔으면 좀 쉬워. 너무한 거 아니야?"

물론 365일 이런 나의 행동과 사고가 의식적이라면 분명 피곤해서 금세 지쳐 쓰러지고 말았을 거다. 누군가의 지시에 의해 하기 싫은 일을 억지로 한 것이라면 이미 벌써 포기하거나 게으름을 피웠을 거다. 하지만 나는 이런 일들이 모두 즐겁고 행복하다. 한때 유행했던 뇌구조를 차용해 '유난희의 뇌구조'를 그린다면 아마 내 뇌 중심부는 방송, 그 옆으로 상품, 트렌드, 사람, 시장 조사 등을 그려 넣을 수 있을 것이다.

홈쇼핑 촬영을 위해서 파리에 출장을 갔을 때다. 내 촬영이 끝나고, 모델 촬영이 있어 계단에 앉아 내 차례가 다시 돌아오기를 기다리며 쉬고 있었다. 눈앞에서 파리지앵들이 왔다 갔다 하기에 무의식적으로 사진을 찍었다. 사진을 찍다 보니 선글라스를 낀 사람들이 많이 보였다. 사진을 찍고 난 후 아이패드를 통해 다시 사진을 모아서 보니 선글라스를 낀 사람들이 정말 많았다. 그런데 디자인을 보니 대부분 우리가 말하는 '레이밴(잠자리테 모양)' 스타일이었다. 나중에 방송에서 참고하면 좋겠다는 생각이 들어 따로 사진 폴더를 만들었다.

출장에서 돌아오고 두어 달이 지나지 않아 선글라스 방송이 생겼다. 그런데 정말 신기하게도 그날 아이템이 바로 레이밴 스

성공은 그런 것 같다.
입으로만 성공을 부른다고 찾아오는 것도 아니고
성공을 쫓아간다고 해서 내 손에 쥐어지는 것도 아니다.

내가 좋아하는 일에 대한
열정이 뜨거우면 뜨거울수록
성공은 나를 찾아온다.
내가 꾸는 꿈의 온도가 높을수록
성공의 기회는 더 커진다.
지금 당신의 꿈의 온도는 얼마일까?

타일이었다. 파리 생각이 나서 급하게 사진 자료를 찾아보았다. 내가 계단에 앉아 아무 생각 없이 눌러댔던 셔터 속 사람들이 끼고 있는 선글라스와 딱 맞아떨어지는 디자인이었다. '바로 이거야!'라는 생각이 들었다.

홈쇼핑은 보통 주부를 대상으로 하기 때문에 선글라스도 오버사이즈 디자인이 잘 나간다. 레이밴 스타일은 주부들이 선호하는 디자인은 아니다. 게다가 모델도 젊은 사람을 출연시키다 보니 주부들은 자신들이 착용하기엔 너무 캐주얼하고 젊은 사람들이나 쓰는 디자인이라고 부담스러워한다. 그래서 한 번 방송을 했지만 판매가 저조했던 선글라스 방송이 내게 주어진 것이었다. 나는 방송에서 파리에서 찍은 선글라스 사진을 보여주면서 멘트를 했다.

"제가 두 달 전에 파리 출장을 갔을 때 찍은 사진을 보여드릴게요. 파리 사람들은 여자 남자 할 것 없이 모두 선글라스를 끼고 다니는데, 특히 이런 디자인을 많이 착용했더라고요."

그날 선글라스 방송의 반응은 폭발적이었다. 준비한 상품이 모두 매진됐다. 방송이 끝난 후 PD는 내게 뛰어와서 자신은 생각도 못했던 일인데 언제 그런 사진을 찍었냐며, 혹시 방송을 위해 파리에 일부러 가서 찍었느냐고 물었다. 그러고선 다른 방송에서 써도 되겠냐며 사진 자료를 받아갔다.

물론 내가 이런 일을 예상하고 사진을 찍은 것은 아니다. 이런 일은 내게 일상화되어 있다. 그저 언젠가는 쓸 일이 있을지도 모르겠다고 생각한다. 내 휴대폰에 들어 있는 사진은 2만 장이 넘는다. 사진만 따로 찍는 휴대폰을 하나 더 들고 다닌다(디지털 카메라는 생각도 못하고 촬영할 때 소리가 안 나는 휴대폰으로 한 대 더 마련했다).

이렇듯 내 머릿속에는 항상 방송과 내가 소개하는 상품과 관련된 것들이 그물망처럼 촘촘하게 얽혀 있어 다른 건 들어오지 못한다. 이런 내 성격이 방송에서 시너지 효과를 내는 것 같다.

'왜 나는 성공하지 못할까?'

많은 사람이 궁금해한다. 죽자 살자 일하는 것 같은데 성과는 없다고 한다. 하지만 주변을 돌아보면 자신의 일을 즐기지 못하거나 자신이 하는 일에 완전히 몰입하지 못하는 사람이 생각보다 많다. 일하면서 다른 데 관심을 두는 사람들이 의외로 많은 거다. 일보다 연애를 더 중요시하는 사람, 일하면서 주식하는 사람, 돈이 안 된다며 부업거리를 찾는 사람, 그만두지 못해 그저 회사와 집만 오가는 사람……. 사람마다 중요시하는 지향점은 다르겠지만, 성공하고 싶다고 말하면서 다른 곳을 기웃거리는 것은 이해가 되지 않는다. 자신이 일하는 분야에서 성공하고 싶다면 그 일에 미쳐야 하고 집중하고 몰입해야 한다.

성공은 그런 것 같다. 입으로만 성공을 부른다고 찾아오는 것도 아니고, 성공을 쫓아간다고 해서 내 손에 쥐어지는 것도 아니다. 내가 하는 일에 대한 열정이 뜨거우면 뜨거울수록 성공은 나를 찾아온다. 내가 꾸는 꿈의 온도가 높을수록 성공의 기회는 더 커진다. 지금 당신의 꿈의 온도는 얼마일까?

스물두 번의 실패를 통해

'프리랜서.'

직업적으로 프리랜서는 어떤 매력이 있을까? 가장 먼저 자유가 떠오른다. 제시간에 출근하지 않아도 되고, 틀에 박힌 생활을 하지 않아도 될 것 같다. 단점은 무엇일까? 모르긴 몰라도 언제 일이 끊길지 모르는 불안을 첫손가락에 꼽지 않을까?

쇼호스트로서는 내가 최초로 프리랜서를 선언했다. 프리랜서의 세계를 아는 사람들은 펄쩍 뛸 일이다. 잘하면 돈을 많이 벌 수 있지만, 잘못하면 한순간에 실업자가 되는 것이 프리랜서기 때문이다. 자칫 잘못하면 홈쇼핑이라는 세계에서 존재도 없이 사라질 수도 있는 선택이다. 직장에 소속되면 보수는 적어도 안정적으로 지낼 수 있다. 티 나지 않게 잠깐씩 게을러져도 잘릴 걱정은 없다. 그럼에도 나는 아무런 망설임 없이 프리랜서의 길을 선택했다. 왜 그랬을까? 이유는 단순하다. 늘 긴장하고 스스로를 자극시키며 더 정열적으로, 더 열심히 일하고 싶어서였다.

롯데백화점에서 사내방송 아나운서로 일할 때다. 대학 졸업 후 방송국 시험을 준비하던 중 롯데백화점에서 사내방송 아나운서를 모집한다는 공고를 보고, 경험 삼아 시험이나 봐야겠다는 생각에 지원했는데, 덜컥 합격을 했다. 참 우습게도 간절하게 원하는 것은 손이 닿질 않고, 마음을 내려놓으면 쉽게 내 것이 된다.

잠실 롯데월드와 롯데백화점이 동시에 오픈하면서 새로 시작되는 방송실이라 준비할 것이 많았다. 방송실을 꾸미고 음반을 구입해 목록을 정리하고 백화점 오픈 방송에 필요한 아나운싱 멘트를 녹음하는 등 신입 아나운서였던 나는 본점 방송실에서 파견된 선배를 도와 열심히 준비했다.

학창시절에도 교내 방송실 경험이 없던 내게 처음 하는 사내 방송실 생활은 즐거웠다. 아침에 출근해서 백화점 오픈 방송을 하고, 장내에 필요한 음악을 선곡하고, 행사 이벤트 안내 방송 멘트를 정리했다. 세 명의 아나운서가 돌아가면서 파트타임으로 일했기 때문에 바쁘지는 않았다. 내가 마이크를 잡지 않는 시간에

아나운서 시험에 실패할 때마다
나는 부끄러웠고 좌절했다.
하지만 시간이 흐르고
다양한 경험을 하면서
나의 이런 생각은 이제 바뀌었다.

실패하는 것이
창피하거나 무서운 것이 아니라
<u>실패를 통해 배우는 게 없을 때
더 부끄럽다는 것을 알았다.</u>

는 백화점 매장을 돌면서 천정에 있는 스피커 상태를 점검하는 것도 방송실 직원의 일이었다. 3년 동안 하루도 빠짐없이 매일 백화점 전관을 돌다 보니 자연스럽게 수많은 브랜드를 눈에 담게 되었고, 이때의 경험이 나중에 39쇼핑에 쇼호스트로 입사해 방송할 때 많은 도움이 되었다.

하지만 시간이 흐르면서 방송 업무는 단조롭고 지루해졌다. 방송실 업무에 색다른 재미를 더하고 싶었다. 그래서 낸 아이디어가 백화점 판매 사원을 위한 아침 음악 방송이었다. 백화점을 오픈하기 전, 판매 사원들은 조용하고 썰렁한 매장에서 개점 준비를 시작한다. 그것을 본 나는 백화점 영업 시작 전 판매원들을 위해 30분 정도 음악 방송을 하는 게 어떠냐고 제안했다. 방송실 실장은 말을 꺼내자마자 난색을 표했다.

"그냥 백화점 오픈 시간에 맞춰 오픈 방송하면 편하잖아. 음악 방송까지 하려면 한 시간이나 더 일찍 출근해야 하는데 왜 사서 고생을 하니? 월급을 더 주는 것도 아닌데……. 하려면 너 혼자 해."

단번에 거절당했다. 할 수 없이 나는 정말 혼자서 그 일을 했다. 출근 시간보다 한 시간 일찍 나와 직원들 생일 축하 카드도 받고 사연이 담긴 메모도 받고 신청 음악도 틀어주었다. 첫날, 나는 얼마나 많은 직원이 사연을 신청할지 궁금했다. 혹시 나 혼자 열

성인 것은 아닌지, 아무도 이른 아침 방송에 관심이 없는 것은 아닌지 걱정되었다.

하지만 나의 이런 생각은 기우였다. 썰렁했던 매장에 전에 없던 아름다운 음악이 흘러나가자 모두 감동했고, 사연은 봇물 터지듯 쏟아졌다. 나는 신이 났다. 한 시간 일찍 출근해도 전혀 힘들지 않았고, 보수를 더 받지 않아도 좋았다. 직원들의 행복한 얼굴이 나에게 에너지가 되어 주었다.

음악 사연은 보통 하루 전에 방송실로 보내지지만, 미처 사연을 보내지 못한 직원은 아침 일찍 직접 방송실까지 올라오기도 했다. 아무도 도와주지 않았지만, 혼자 진행하는 아침 방송은 내게 또 다른 재미였고 즐거움이었으며 새로운 도전이었다.

아침에 여유 있게 출근해 정해진 스케줄대로 일하면 편하게 하루를 보낼 수 있다. 아무도 나에게 과외의 일을 하라고 이야기하지 않았다. 방송실 다른 직원은 이런 나를 이해하지 못했다. 그러나 입사 3년차인 나는 마치 신입사원처럼 들뜬 기분으로 하루하루를 보냈다. 방송국 아나운서로 입사했다면 꼭 하고 싶었던 라디오 음악 프로그램 DJ 같았다고나 할까? 하고 싶은 일이 있다면 꼭 누가 시키지 않아도 주어진 환경에서 스스로 일을 만들어 하면 된다는 것도 알았다. 어디서에서 일하느냐가 아닌 어떤 자세로 어떻게 일하느냐의 문제라는 걸 알기까지 그리 오랜 시간이 걸리지 않았다.

시키는 일만 하는 사람을 보면 안타깝다. 일을 즐길 줄 모르는 사람이다. 시키는 일만 하면 일의 재미를 느끼기도 어렵다. 수동적으로 일할 때보다 적극적으로 일하는 편이 훨씬 즐겁다. 직장인들은 한 달에 한 번 월급날을 기다리며 일하는 것이 재미라고 하지만, 일을 단순히 돈 버는 수단으로만 생각하면 하루하루가 버겁고 한 달을 채워가기가 힘들다.

내 나름대로 일의 의미를 찾으면서 사내방송 아나운서로서의 시간은 그렇게 흘러갔다. 중간 중간 방송국 아나운서 시험도 봤다. 그러나 그렇게 3년이 지나자 반복되는 아나운서 시험 실패와 더불어 백화점 방송실 업무도 서서히 지루해지기 시작했다. 똑같이 반복되는 일상은 별다른 진전도 없고 발전도 없었다. 어찌 보면 아주 편안한 직업이었지만, 호기심 많고 늘 새로움을 갈구하는 나에겐 하루하루가 지루한 일상의 반복이었다. 내게는 자극이 필요했다. 돌파구를 찾아야 했다.

'끝이 보이지 않아도 일방통행 터널을 끝까지 달려가면 출구가 있다.'

나는 이 말을 믿고 미친 듯이 앞만 보고 달렸다. 하지만 정작 막다른 터널의 끝은 거대한 바위로 막혀 있는 것 같았다. 허탈하고 절망적이었다. 너무나 먼 길을 혼자 달려왔기에 다시 되돌아갈 용기와 엄두도 나지 않았다. 뭔가 선택을 해야 했다. 결단을 내려야 했다. 이런 걸 바로 인생의 기로에 선다고 표현할 것이다.

점점 매너리즘에 빠져가는 내가 싫었다. 쳇바퀴 돌듯 무의미하게 사는 것이 싫었다. 그렇다면 이제 어떻게 나의 미래를 설계할 것인가? 나는 회사를 그만두기로 했다. 그리고 내가 하고 싶었던 또 하나의 일을 하기 위해 다시 준비하기로 했다.

방송일 말고 하고 싶은 또 다른 일은 패션 디자인 공부였다. 어렸을 때부터 인형 옷을 곧잘 만들었던 나는 패션에 대한 관심이 높았다. 패션 공부를 하고 싶었고 프랑스로 유학을 떠나겠다는 계획을 세웠다. 더 늦기 전에 나의 투지를 불태울 무엇인가가 필요했던 것이다. 한창 결혼하라는 부모님의 압박이 심해지고 있던 때였다. 그러나 나는 불어 학원에 등록해 공부를 하며, 유학원을 드나들기 시작했다.

그러나 결국 내 운명은 방송국으로 향하고 있었던 걸까? 아니면 그토록 열망했던 꿈이 방송국으로 나를 이끈 것일까? 유학 준비를 하던 중 KBS 김상준 아나운서 부장님의 전화 한 통으로 케이블TV 아나운서 채용정보를 얻은 나는 한국통신 케이블TV 시범방송사업단에 입사하게 되었다. 그렇게 나는 꿈에 그리던 방송국 카메라 앞에 서게 되었다.

한국통신 시범방송사업단은 수익이 없는 구조다 보니 환경도 열악했다. 보수도 롯데백화점보다 적었다. 한국통신에서 주관하는 방송이라 딱딱한 공무원 체계에 적응하기도 힘들었다. 그러나 나는 이곳에서 지역 뉴스 아나운서로, 리포터로, MC로 하나하나 일을 배워나갔다. 그러나 3년이 지나자 모든 것이 익숙해지고 능숙해진 이곳 생활도 점점 단조로워지고 지루해지기 시작했다(3년의 시범방송이 끝나고 한국통신 케이블TV 시범방송사업단은 양천 지역방송으로 전환되었다). 지역방송에서 내 능력과 꿈을 실현하는 데에는 한계가 있었다. 나는 더 큰 세상에서 나의 능력을 펼치고 싶었다.

롯데백화점 사내방송을 할 때도, 한국통신 케이블TV 시범방송사업단에서도 나는 아나운서 시험을 포기한 적이 없다. YTN, MBN은 물론 지방 방송국이라도 아나운서 시험이 있으면 어디든지 달려갔다. 그러나 번번이 내게 돌아오는 것은 불합격 통지뿐이었다.

그렇게 번번히 실패만 하던 내가 쇼호스트가 되었을 때, 나는 내 능력을 펼칠 기회라고 생각하며 정말 열심히 일했다. 사람들은 이십 년을 한결같이 달려왔으니 이제 좀 편하게 지내라고 한다. 하지만 나는 안주하기 싫다. 더 높이, 더 멀리 날아보고 싶다. 내가 어디까지 할 수 있는지 나의 가능성을, 나의 열정을 확인하고 싶다. 성공하기 위해서가 아니라 나의 능력과 열정이 어디까

지인지 알고 싶을 뿐이다.

시범방송사업단에서도 마찬가지였다. 내가 더 이상 발전 가능성이 없다고 판단했을 때, 마침 같이 일했던 PD가 다솜방송에서 리포터를 해보지 않겠느냐는 제의를 해왔다. 내가 뉴스를 진행할 때보다 리포터를 할 때 훨씬 애드리브와 센스가 돋보인다고 했던 PD였다. 정식 직원이 아닌 프리랜서였지만, 나는 이 역시 한 치의 주저 없이 승낙했다. 한국통신 시범방송사업단 정식 직원에 대한 아쉬움이나 미련은 전혀 없었다. 사람들은 내가 안정적인 자리를 박차고 나간다며 미친 짓이라고 했지만, 나는 새로운 일을 할 수 있어 행복했다. 틀을 박차고 나가자 기운이 샘솟았다. 보수는 적었지만 하루하루가 즐거웠다. 그리고 4개월 뒤 나의 운명을 바꾼 일생일대의 기회가 찾아왔고, 오랜 시간 동안 웅크리고 있었던 나는 있는 힘껏 그 기회를 움켜쥐었다.

내가 만약 로마에서 남자로 태어났다면 전투사가 되지 않았을까? 가끔 그런 생각을 한다. 나는 내 자신이 나태해지는 것을 견디지 못한다. 자극이 없는 삶이 싫다. 내가 아나운서 시험에 물리적인 자격 제한이 올 때까지 결코 포기하지 않고 수물두 번이나 도전할 수 있었던 것도 이런 도전정신이 나를 움직이게 했기 때문이다.

아나운서 시험에 실패할 때마다 나는 부끄러웠고 좌절했다.

하지만, 시간이 흐르고 다양한 경험을 하면서 나의 이런 생각은 이제 바뀌었다. 실패하는 것이 창피하거나 무서운 것이 아니라 실패를 통해 아무것도 느끼지 못하고 배우는 게 없을 때 더 부끄럽다는 것을 알았다.

실패는 하나의 교훈이며, 상황을 호전시킬 수 있는 첫걸음이다.
_필립스

한때는 불가능하다고 생각한 것이 결국에는 가능한 것이 된다.
_K. 오브라이언

실패를 걱정하지 말고 부지런히 목표를 향해 노력하라. 노력한 만큼 보상받는다. _노만 V. 필

성공의 그늘에서 오랫동안 머물러서는 안 된다. _사마천

나에게 자극을 주었던 실패와 관련된 구절들이다. 하나같이 주옥 같다. 그리고 내게 가장 큰 힘을 준 또 하나의 명언이 있다. 이 말을 가슴에 새긴다면 인생이 결코 회색빛으로 보이지 않을 것이다.

실패는 낙담의 원인이 아니라 신선한 자극이다. _토마스 사우전

맞다! 실패는 또 다른 도전을 시작하게 하는 불편하지만 신선한 자극이다.

직업의
가치

"난희 씨, 요즘 뭐해?"
"홈쇼핑에서 일한다고 하지 않았나?"
"홈쇼핑? 홈쇼핑이 뭐하는 데야? 케이블TV 말하는 건가?"
"그런 채널이 있어?"
"물건 파는 데에요. 그런데 텔레비전으로 쇼핑하는 사람도 있어요?"
"직접 써보지도 않고 물건을 사는 사람이 있어?"
"홈쇼핑 쇼호스트래요."
"쇼호스트?"
"쇼호스트? 그게 뭐야? 거긴 MC를 그렇게 불러?"

"유난희 씨, 물건 잘 팔려?"

이십 년이라는 세월이 지나다 보니 쇼호스트에 대한 인식도 많이 바뀌었다. 이제는 아나운서만큼 인기 있는 직종이 되었다. 하지만 쇼호스트라는 직업이 처음 생겼던 1995년 당시 시장이나 백화점에서 팔던 물건을 이젠 텔레비전에서도 파는구나 하는 정도로 생각했다. 물건을 판매하는 사람이 텔레비전 속으로 들어간 정도로 여겼다.

나의 지인들도 마찬가지였다. 39쇼핑 입사 후 얼마 지나지 않아 만난 지인들은 아무도 나를 아나운서, MC로 인정해주지 않았다. 그때까지만 해도 나 자신을 홈쇼핑 텔레비전 아나운서라고 믿고 있었던 나는 마음의 상처를 받았다.

반가운 마음으로 달려나간 모임에서 만난 지인들은 모두 공중파에서 잘나가는 PD, 아나운서, MC였다. 오랜만에 서로의 방송 생활에 대해 이야기하고, 근황은 어떤지, 어려운 점이 없는지, 힘든 점은 무엇인지 허심탄회하게 이야기를 나눌 수 있을 거라고 생각하고 마음이 들떴다. 하지만 그들 속에서 나는 낙동강 오리알이 되었다. 그들은 방송 얘기를 했고 나에게는 장사 얘기를 물었다. 방송하기 어떠냐는 질문이 아니라, 물건 잘 팔리냐는 질문을 했다. 아나운서 시험을 준비했는데 장사해서 되겠냐는 말도 들었다. 마치 물과 기름처럼 내 존재가 급속도로 그들에게서 떨어져 나왔다. 이젠 나도 홈쇼핑 방송 진행자라는 자신감과 자부심으로 똘똘 뭉쳐 있던 나는 온 데 간 데 사라졌다.

갑자기 쇼호스트라는 직업이 창피하게 느껴졌다. 회사에서는 나를 간판스타로 띄워주고 있었고, 새로운 직업이었기에 연신 인터뷰 요청이 쏟아지던 때였다. 그러나 나는 그들 앞에서 아나운서가 아니라 물건을 파는 판매원일 뿐이었다. 모임 이후 갑자기 내기 비른 길을 가고 있는 것인지, 직업에 대해 회의감이 들며 세상이 휘청거리기 시작했다. 그렇게 뜨겁게 바라던 카메라 앞에 서는 것조차 싫었다. 물건을 판매하는 이 일을 그만두어야 하나 심각하게 고민했다.

나의 이런 방황에 종지부를 찍고, 내 상처 난 마음을 토닥여준 이가 고려진 선배다. 고려진 선배는 1987년 TBS 동양방송에서 시작해 이십 년이 넘게 아나운서로 경력을 쌓아온 방송계의 대모였다. 홈쇼핑 개국과 동시에 39쇼핑으로 와서 나와 같은 쇼호스트 1세대를 연 분이다. 고려진 선배는 쇼호스트라는 직업 때문에 흔들리고 있는 나를 다잡아주었다.

"난희야, 나는 지금 쉰 살이 넘었어. 이 나이에 방송하는 아나운서는 없어. 나도 한참 쉬다가 일하는 거잖아. 나와 같은 동기 중 벌써 할머니가 된 친구도 있는데, 난 난희처럼 젊은 사람들이랑 다시 방송에서 일하고 있잖아. 내가 즐겁게 일할 수 있는데, 다른 사람이 뭐라고 하든 그게 무슨 상관이야. 말은 안 하지만, 친구들도 다들 나를 부러워해."

고려진 선배의 말씀은 내가 그 후 일하는 데 있어 등대와 같은 역할을 했다. 순간 내 직업에 회의를 느꼈던 내가 부끄러웠다. 그토록 열망하던 방송 일을 시작했고, 이렇게 나와 잘 맞고 즐거운데, 도대체 사람들의 시선이 무슨 상관이란 말인가. 게다가 패션과 쇼핑, 방송을 좋아하는 내게 쇼호스트는 천직이었다.

나도 모르고 있던 커뮤니케이션 능력도 발견했다. 방송 일을 하는 데 필요한 성실함과 인내력도 갖추고 있었다. 생방송의 긴장감도 좋았다. 이렇게 즐거운 일을 사람들의 편견 때문에 버리는 것은 아니라는 생각이 들었다. 한국통신 케이블TV 시범방송사업단에 입사했을 때 편성부장님이 하시던 말이 떠올랐다.

"자네는 이제부터 화면에 얼굴이 비치는 공인이야. 비록 커다란 공중파 방송국이 아니고 수 만 명의 사람들이 자네 얼굴을 보지 못한다고 하더라도 말이야. 시청자가 단 한 명이라도 자네는 공인이기 때문에 그 한 명의 시청자를 위해 행동을 조심하고 아나운서로서의 품위와 자세를 잃지 않아야 하네."

홈쇼핑은 한국통신 시범방송사업단에 비교할 바가 못 되었다. 전국을 대상으로 하는 방송이었다. 비록 뉴스를 전하는 것은 아니었지만, 제대로 된 상품의 정보 전달 역시 필요한 일이다. 그저 물건이나 팔고, 잇속을 차리는 장사꾼이 아니라 소비자에게 정확한 정보를 전달하는 신뢰감 있는 쇼호스트도 분명 새로운 시대에 필요한 직종이었다.

나는 생각을 바꿨다. TV에서 상품을 판매하는 것이 부끄러운 일이 아니며, 또한 제품을 많이 파는 것보다 쇼호스트라는 직업이 존경받는 직업이 되도록 하는 것도 나의 역할이라고 생각했다. 쇼호스트라는 직업이 무시당하지 않도록, 방송인답게 방송을 하겠다고 다짐했다. 새로운 투지가 끓어올랐다. 그렇게 나는 나만의 캐릭터를 구축해나갔다. 쇼호스트라는 직업의 가치를 높이고 싶었고 유난희라는 개인 브랜드의 가치도 높이고자 했다.

그래서 나는 홈쇼핑 방송에서 상품을 소개할 때, 어떤 분들은 안 어울린다라거나 구입하지 말라는 식으로 솔직하게 다 이야기했다. 소비자와의 신뢰가 중요하다고 생각했기 때문이다. 쇼호스트는 무이자 몇 개월, 자동주문 전화 등의 멘트를 한다. 하지만 나는 거의 하지 않는다. 그것보다는 상품의 정보를 더 많이 알려주고 싶다. 판매 촉진 멘트를 많이 하지 않아도 주문 콜 수가 떨어지지 않는다. 그동안 쌓아온 나의 신뢰 덕분이다. 단순히 상품 판매원 취급을 당하기 싫어 고객님이라는 소리도 안 하게 됐다. 하지만 나를 믿어주는 소비자들은 개의치 않는다. 매출도 중요하지만, 매출만 신경 쓰진 않는다. 매출에만 목을 매면 스트레스다. 스트레스가 심하면 쇼호스트 생활을 오래할 수 없다. 그보다 더 이상 일을 즐길 수 없게 된다. 그래서 나는 순간순간 즐기고, 열심히 하는 쪽으로 방향을 굳혔다. 그래야 오래 가고, 주위로부터 인정받을 수 있다고 생각하기 때문이다.

밝은 웃음과 목소리를 들으면 그 사람이 자신의 일을 어떻게 대하고 있는지, 일에 대한 자세를 느낄 수 있다. 이왕 하는 일이라면 즐겁게 해야 한다. 일은 행복의 원천이고, 자부심의 동력이 되어야 하기 때문이다. 직업의 가치는 누군가 만들어주기도 하지만, 스스로 만들어가는 거다. 내가 좋아하는 일이면 스스로 발전하기 위해 노력해야 한다. 자부심을 가져야 한다. 만약 내가 잘못하면 내 직업의 인식이 나빠질 수 있다는 생각도 해야 한다.

나는 '직장'보다 '직종', '직업'이 중요하다고 생각한다. 직장을 찾으면 문은 좁아진다. 낙타가 바늘귀를 통과하는 수준이 될 수 있다. 하지만 직업을 찾는다면 선택의 폭은 훨씬 넓어진다. 창업을 할 수도 있다. 지금은 1인 CEO가 생겨나는 시대. 새로운 직업의 탄생은 얼마든지 가능하다.

만약 내가 KBS와 MBC라는 직장만 바라보았다면 결코 지금의 유난희는 없었을 거다. 그러나 내가 되고 싶었던 것은 KBS, MBC 직원이 아니라 방송국 아나운서였고, 그 꿈을 이룰 수 있는 길을 찾다기 지금에 이르렀다. 그러므로 너무 좋은 근무 조건의 직장만 찾아 나서지 말자. 좀 더 시야를 넓혀서 내가 평생 즐길 수 있는 일, 흠뻑 빠질 수 있는 매력적인 일을 찾았으면 한다. 그리고 존경받는 사람이 될 수 있도록 열심이었으면 좋겠다. 그리고 자신이 선택한 직업의 가치를 스스로 높여가면 좋겠다.

이십 년 전 내가 처음 쇼호스트가 되었을 때, 쇼호스트라는 직업은 아무도 관심을 갖지 않는 보잘것없고 생소한 직업이었다. 하지만 지금은 아니다. 내 식업의 가치는 내기 만든다는 생각을 가져라. 내가 그랬듯이 말이다.

최고보다
최초

나는 쇼호스트이기 이전에 소비자다. 상품을 파는 사람이기 이전에 물건을 사서 쓰는 사람이다. 물건을 살 때는 당연히 좋은 제품을 사고 싶다. 옷을 살 때는 어떤 소재인지, 박음질은 제대로 되어 있는지, 빨아도 줄지 않는지, 물이 빠지지는 않는지 꼼꼼하게 살펴본다. 노트북이나 휴대폰을 살 때도 그렇다. 디자인은 예쁜지, 용량은 얼마나 되는지, 속도는 빠른지, 무거운지, 가벼운지, 자판에 닿는 촉감은 어떤지 하나하나 살핀다.

내가 물건을 잘 판매하는 것은 아마 그런 소비자의 기준으로 물건을 바라보기 때문일 것이다. 방송을 할 때도 궁금한 것이 있으면 즉석에서 시연했고, 그게 대박을 터트린 적도 많았다. 방송사 입장에서 보면 준비되지 않은 위험천만한 행동이었지만 소비자 입장에서는 분명 궁금할 것이라고 생각했고, 사실 나도 궁금했다.

여름용 보정 속옷을 판매할 때다. 당시만 해도 올인원은 대중적이지 않았다. 나는 원칙상 판매 전 그 상품을 직접 사용해본다. 그때도 올인원을 가져와 입어보았다. 그다지 불편하지 않았고 여름용이라 소재가 얇은데도 신기하게 배를 눌러줬다. 올인원 위에 옷을 입자 실루엣이 살아났다. 순산 이렇게 얇은데 이떻게 배를 눌러주는지 궁금해졌다. 그래서 삼중 구조로 되어 있다는 배 부분을 가위로 잘라보았다. 그런데 정말 서로 다른 구조로 된 세 가지 소재의 원단으로 만들어져 있었다.

나는 이것을 방송에서 직접 보여주자고 제안했고, PD는 깔끔하고 예쁘게 잘라놓은 올인원을 준비해주었다. 그런데 방송을 하다 보니 갑자기 혹시 시청자가 방송용 샘플만 그렇다고 의심하지 않을까 하는 생각이 들었다. 나는 가위를 집어 들었다.

"제가 오늘 준비된 샘플이 아니라 직접 여기 있는 또 하나의 올인원을 잘라서 보여드릴게요."

싹둑싹둑!

나는 과감하게 새 제품의 삼중 구조로 된 배 부분을 잘라서 보여주었다. 천 장의 올인원을 팔 수 있다면 한 장의 새 제품을 망가

트리는 게 뭐가 아까울까. 순간 주문 수가 엄청나게 올라갔다. 그리고 그날 준비된 수량은 모두 매진되었다. 소비자 입장이라면 분명 그런 의심이 들 것이라고 생각했고, 만약 의심하고 있다면 그걸 풀어주는 것이 나의 역할이라고 생각했다. 그 생각이 적중했던 거다.

 홈쇼핑 초창기 시절, 가죽 재킷을 방송할 때도 그랬다. 가죽 재킷을 방송하고 있는데, 방수가 되냐는 시청자 문의가 들어왔다. 가죽에 대해 충분히 공부하고 방송에 들어갔는데, 그 점에 대해선 나도 미처 생각을 못했다. 가죽 재킷을 입고 나간 날 비를 맞을 수도 있다는 생각을 하지 못한 것이다. PD는 잘 모르면 그냥 넘어가라는 사인을 보내왔다.

 내가 알기로 가죽은 물에 닿으면 안 되는 소재였다. 순간 호기심이 발동했다. 그리고 시청자의 궁금증도 풀어주어야겠다고 판단했다. 순간 방송하는 가죽 상품이 세 번의 오일 공정을 거쳤다는 업체 직원의 말도 떠올랐다. 나의 궁금증은 더욱 커져갔다. 그래서 직접 시연해보기로 했다.

 "시청자 분께서 가죽 재킷이 방수가 되냐는 질문을 하셨다고 합니다. 원래 가죽은 물에 닿으면 안 되는 소재지만, 이 상품은 세 번의 오일 공정을 거쳤기 때문에 약간의 물은 닿아도 괜찮지 않을까요? 직접 실험해보겠습니다."

PD는 다급하게 말렸지만, 한번 결심하면 풀어야 직성이 풀리는 나다. 사람들은 왜 돌다리도 두들겨보고 건너지 않느냐고 하지만, 나는 물에 빠지더라도 일단 건너보자는 성격이다. 가죽에 물을 붓자 신기하게도 물이 또르르 흘러내렸다. 마른 수건으로 닦아내자 얼룩 하나 생기지 않았다. 이날 평균 300장 정도 판매되던 가죽 재킷이 준비한 1천 장을 넘어 모두 매진되어버렸다.

나의 이런 돌발적인 행동은 소비자에게는 좋지만, 회사 입장에서 보면 분명 위험하다. 충분히 검증되지 않은 것을 즉흥적으로 풀어나가다 사고가 난다면 회사에 치명적일 수 있기 때문이다. 그래서 어떤 때는 방송 캐스팅에서 제외되기도 했다.

보석 방송이 그런 예였다. 보석은 화면에서 보면 정말 아름답다. 화면 가득 클로즈업이 되면서 조명을 받으면 마치 별처럼 눈부시게 반짝거린다. 그런데 문제는 사이즈였다. 카메라로 가까이 접근해서 보석을 찍다 보니 실제 사이즈를 알 수 없었다. 물론 보석 사이즈의 수치가 화면에 나가기는 하지만, 실제로 보여주지 않으면 한눈에 와 닿지 않는 법이다. 고민을 하다 문구점에서 자를 사다 사이즈를 직접 보여주기로 했다.

방송 중 반지가 클로즈업될 때를 기다렸다 자를 가져다댔다. 화면상으로는 족히 지름 3센티미터 정도 되어 보이던 보석 알 사이즈가 지름 0.5센티미터의 초라한 현실로 되돌아오는 순간이었

최초를 두려워하지 않아야 최고가 될 수 있다.
후배들에게 꼭 들려주고 싶은 말이다.
쇼호스트 1세대로, 그리고 수많은 최초의 수식어를
가지고 있는 쇼호스트로서 막중한 책임감을 느낀다.

내가 길을 열면 많은 후배들이 따라온다.
<u>그래서 나는 지금도 꿈꾼다.</u>
<u>또 다른 최초를.</u>

다. 당시 이렇게 직접 보석 사이즈를 재어서 보여주는 쇼호스트는 단 한 명도 없었다. 그렇다 보니 회사에서 자를 사용하지 말라고 몇 번 경고가 내려왔다. 나는 경고를 무시했다. 실물을 보고 실망한 소비자가 한 명이라도 있다면 차라리 실제 사이즈를 보여주고 신뢰를 쌓는 것이 더 낫다고 판단했기 때문이다. 만약 사실적으로 솔직하게 보여주지 않아 상품을 받아보고 실망하면 소비자는 당연히 반품을 할 테고, 그렇다면 배송료가 더 많이 발생할 것이다. 결국 회사도 손해라고 생각했다. 그런데 회사는 나를 보석 방송 캐스팅에서 제외시켜버렸다.

하지만 좋은 것은 소비자가 더 잘 알아보는 법이다. 다른 쇼호스트가 보석 방송을 하는데, 왜 자로 잰 실제 사이즈를 보여주지 않느냐며 시청자 항의가 들어온 것이다. 결국 보석 방송에 자가 등장하게 되었다. 그것도 제대로 된 보석 전용자로 말이다.

2014년 CJ오쇼핑에서 〈유난희 쇼〉 방송을 시작할 때도 나는 홈쇼핑에서는 최초로 '돋직구' 카메라를 사용했다. 상품 아주 가까이에 카메라를 가져다 대는 것이다. 특히 보석이나 퍼(fur) 상품을 있는 그대로 보여준다. 퍼 상품의 경우 아주 가까이에서 보여주면 좋은 소재라도 '개털'처럼 보일 때가 있다. 그걸 여과 없이 공개하고, 실제로 단점이 있으면 솔직하게 느낀 대로 말하는 것이다. 그렇게 해서 반품을 줄이고, 상품에 대한 평도 더 좋아진

사례였다. 〈유난희 쇼〉에서 처음 시작한 돌직구 카메라는 상품의 단점도 여과 없이 보여주는 신선한 시도였다. 시청자들은 역시 유난희라며 호응했고, 다른 홈쇼핑 방송에서도 따라하기 시작했다.

1996년 3월 홈쇼핑 최초로 해외 출장을 갔던 것도 기억에 남는다. 당시 수입하는 유기농 다이어트 건강기능 보조식품을 방송했는데, 답답한 스튜디오가 아니라 청정한 호주의 현지 모습을 직접 보여주면 좋겠다는 생각이 들었다. 정말 유기농으로 재배된 원료로 만들었는지도 확인할 수 있을 것이라고 생각했다. 반응은 폭발적이었다. 한 시간에 5백만 원이던 매출이 1억 원으로 껑충 뛰었다. 홈쇼핑 개국 이후 7개월 만에 최초로 기록한 1억 원 매출이었다.

나는 '최고'라는 말보다 '최초'라는 말이 좋다. 최고는 언젠가 내리막길이 있다는 것을 의미하지만, 최초의 아성은 아무도 깨지 못하기 때문이다. 내가 하는 것이 곧 길이 된다. 누구는 실패할까 봐 두렵다고, 힘들다고 하지만, 나는 새로운 분야에 도전해서 새로운 길을 개척해나가는 선구자적 정신이 좋다. 재밌다. 즐겁다. 흥분되고 설렌다. 성취감으로 온몸에 전율이 일어난다.

생각을 조금만 바꾸면 많은 것이 달라진다. 나는 이렇게 만든 최초가 수도 없이 많다. 상품을 주어진 대로 방송하지 않고 담당

MD와 함께 구성하고 기획하는 일도 내가 먼저 했다. 품질이 안 좋은 상품 방송 거부도 내가 최초였다. 쇼호스트의 이름을 건 프로그램도 내가 제일 처음 했다.

홈쇼핑이라는 것 자체가 없던 시절, 쇼호스트 1세대였기 때문에 내가 열 수 있었던 길이 많았던 것도 사실이다. 쇼호스트 1세대 중에서 나와 같은 생각을 했던 쇼호스트가 있었을 수도 있다. 하지만 다른 쇼호스트는 하지 않았고, 나는 했다. 그리고 최초라는 타이틀을 얻었다.

불과 몇 년 전만 해도 쇼호스트들은 보통 지상파 방송이나 타 케이블 방송에 출현하지 못했다. 홈쇼핑에서 허락하지 않았기 때문이다. 하지만 나는 지상파와 케이블 방송 모두에 쇼호스트 최초로 출연했고, 쇼호스트가 홈쇼핑 방송이 아닌 지상파 방송에 출연하는 계기를 처음으로 만들었다. 그 이후 많은 후배들이 지상파와 케이블 방송에 출연하게 됐다.

쇼호스트 최초로 홈쇼핑에서 판매하는 화장품 광고 모델이 되었을 때는, 쇼호스트 자리가 아닌 게스트 출연자 쪽에서 방송했다. 사람들은 모두 내가 쇼호스트 자리에 앉아야 한다고 만류했다. 하지만 나는 개의치 않았다. 모델 자격으로, 게스트로 그 자리에서 방송하는 것인데, 내가 오랜 경력의 선배 쇼호스트기 때문에 메인 진행자 자리에 앉아야 한다는 것은 불필요한 고정관념이라고 생각했다.

내가 수많은 최초가 될 수 있었던 건 이런 실행력이 아닐까? 생각한 것을 생각에서만 그친다면 최초가 될 수 없다. 진정한 선구자가 아니다. '창의성은 생각이 아니라 실천'이라고 했다. 아이디어를 머릿속에만 담아둔 채 행동하지 않는다면 무슨 소용이 있을까?

최초를 두려워하지 않아야 최고가 될 수 있다.

후배들에게 꼭 들려주고 싶은 말이다. 쇼호스트 1세대로, 그리고 수많은 최초의 수식어를 가지고 있는 쇼호스트로서 막중한 책임감을 느낀다. 내가 길을 열면 그 길을 많은 후배들이 따라온다. 그래서 나는 지금도 꿈꾼다. 또 다른 최초를.

프로는 다르다

프로(professional) : 어떤 일을 전문으로 하거나 그런 지식이나 기술을 가진 사람. 또는 직업 선수. '전문가', '직업'으로 순화.

'프로'와 관련해 국어사전에 나와 있는 해석이다. 나는 프로를 '자신과 자신을 둘러싼 환경을 수시로 점검하고 조정할 줄 아는 사람'이라고 정의하고 싶다. 어떤 일이 주어지더라도 자신의 스타일에 맞게 변형시킬 줄 알고, 빠른 속도로 업무의 본질에 접근하는 것이 바로 프로라고 생각한다. 그렇다면 직업인으로서의 '프로정신(professional mind)'이란 무엇일까?

'어떤 난관에 부딪치더라도 해내겠다는 의지로 스스로를 단련시키고 끝까지 노력하는 것.'

'초심을 잃지 않고 탁월하게 자신의 업무를 마무리하는 사람.'

이 정도로 해석할 수 있지 않을까?

프로라는 것이 무엇인지 생각하게 하는 사건이 있었다. 롯데백화점 사내방송실에서 일할 때였다. 백화점 오픈을 앞두고 화재가 났다. 방송실로 다급하게 전화가 걸려왔다. 불이 났으니 안내멘트를 내보내라는 지시였다. 방송실 선배 한 명이 안내 방송을 하기 시작했다.

"건물 내에 화재가 발생했으니 직원 여러분께서는 대피하시기 바랍니다."

오픈 준비로 한창이던 때라 백화점 안에는 사람이 많았다. 안내 방송은 한 번으로 끝나는 것이 아니라 모든 직원이 대피할 때까지 계속되었다. 아나운서 초년병인 나는 우리만 불 속에 갇히는 것이 아닌지 두려움이 질려 옆에 서서 선배의 모습을 지켜보고 있었다. 문밖에서 웅성거리는 소리가 들렸다. 바깥 상황이 궁금해진 나는 살그머니 문을 열어보았다. 순간 시커먼 연기가 눈앞을 가렸다. 여직원들의 비명 소리와 다급한 발소리가 들렸지만 연기에 가려 아무것도 보이지 않았다.

재난 영화가 따로 없었다. 이대로 불길 속에 갇혀서 죽는 게 아닌가라는 생각이 들었다. 등 뒤로 식은땀이 흘렀다. 공포가 몰려왔다. 초조했다. 하지만 선배 아나운서는 방송을 멈추라는 지시가 떨어지기 전까지 다급하지만, 담담한 목소리로 계속 안내 방송을 했다. 내게는 억겁의 시간 같았던 잠시가 흐른 후 이제 방송실 직원도 대피하라는 지시가 떨어졌다. 코와 입을 막고 문밖으로 나선 우리는 아무것도 보이지 않는 연기 속을 더듬어 겨우 옥상으로 대피할 수 있었다. 다행히 화재는 곧 진압되었지만, 그 순간의 공포는 잊을 수가 없다.

그 사건으로 나는 방송인으로서의 의무, 위급 시에는 내가 아니라 남을 먼저 생각해야 하는 막중한 직업적 책임감을 느꼈다. 화려하고 편하게만 보이는 사내방송 아나운서의 모습이 전부가 아니라는 것을 직접 체험하기도 했다.

사람들은 일할 때 '프로정신'을 가지라고 말한다. 그러나 진짜 프로가 되기란 쉬운 일이 아니다. 어떤 경우에도 이를 악물고 해내야 하는 때가 있다. CEO라면 어떠한 위급한 상황에서도 기업의 생존과 성장을 위해 결코 흔들리거나 무너져서는 안 된다. 아이디어로 승부하는 광고 회사 직원이라면 클라이언트의 무리한 요구도 들어줄 수 있어야 한다. 순간적인 감정을 컨트롤할 수 있어야 하고 강인한 정신력으로 무장되어 있어야 한다.

방송인으로서의 가장 기본적인 프로정신이란 무엇일까? 나는 자신의 방송을 지키는 것이라고 생각한다. 이런 마인드가 기본으로 깔려 있어야 자신의 일에 철저할 수 있다. 그래서 나는 아무리 힘들고 어려워도 방송을 펑크내지 않기 위해 최선을 다했다.

임신 후 첫 한 달 동안은 입덧이 너무나 심해서 어쩔 수 없이 휴가를 낸 적이 있지만, 그 외 내 개인 사정이나 건강상의 이유로 방송을 펑크낸 적은 없다. 가끔 연예인들이 의도적으로 방송을 펑크를 냈다거나 드라마를 찍다가 갑자기 해외로 가버렸다는 기사를 보면 오죽하면 그랬을까 싶다가도 자신의 직업에 온전히 충실한 프로는 아니라는 생각이 든다.

한번은 장염에 걸렸는지 새벽 내내 구토하고 설사하기를 수십 번, 아침에 거의 시체가 되어 깨어난 적이 있다. 그날은 도저히 방송을 할 수 없을 정도로 몸이 아팠다. 하지만 누구도 나를 대신해 줄 사람은 없었다. 내 이름을 걸고 하는 방송이었다. 병원에 갈 시간이 없어 진통제와 지사제를 먹었지만, 통증은 가시지 않았다. 방송 시작 전 혹시나 하는 두려움에 지사제 네 알을 통째로 털어 넣고 방송을 했다. 어떻게 방송이 끝났는지는 모르겠다. 어쨌든 방송을 끝내고 집으로 돌아온 나는 그날 링거를 맞고 다음날까지 앓아누워야 했다.

이런 일도 있었다. 방송 중 신경성 위경련이 찾아온 것이다. 다른 쇼호스트도 마찬가지겠지만, 불규칙한 식사로 위장이 좋지 않았던 내게 방송 전 PD가 한 말이 화근이었다. 그날 담당 PD는 샤워하다가 넘어져서 욕조에 갈비뼈를 부딪쳤는데 방송을 펑크낼 수 없어 일단 출근을 했다고 했다. 너무 아파서 방송 사인을 제대로 할 수 없을지도 모르겠다며 미리 언질을 주었다. 예민한 나는 그 말을 듣고 걱정을 했는지, 방송 도중 갑자기 신경성 위경련이 일어났다.

위경련을 경험해본 사람은 알 것이다. 눈앞이 하얘지면서 허리를 펼 수가 없다. 주저앉고 싶은 생각밖에 나지 않는다. 그렇지만 방송 중이었다. 얼굴이 백짓장이었겠지만, 나는 허리를 꼿꼿하게 펴야 했다. 그리고 얼굴 가득 미소를 지어야 했다. 카메라가 나를 비추지 않을 때는 배를 움켜쥐고 주저앉았지만, 다시 카메라가 나를 비출 때는 벌떡 일어나 환하게 웃었다. 한 시간이 마치 열 시간 같았지만, 그렇게 방송을 끝냈다. 방송을 이끄는 쇼호스트와 담당 PD가 다 이런 상태였으니 당연히 매출이 좋을 리 없었다. 방송이 끝난 후 나와 PD는 병원으로 향했고, PD는 갈비뼈가 부러졌다는 진단을 받았다.

지난 이십 년간 이런 경우가 여러 번 있었다. 가슴에 혹이 있다는 진단을 받았지만 고정 프로그램은 뺄 수 없어, 오전에 수술하고 오후에 방송을 했던 적도 있었다. 방송 후 하혈을 하고 병원에 입원할지언정 생방송은 진행했다. 이런 나를 보고 사람들은 대단한 체력의 소유자라고 생각한다. 혹은 독종이라고 한다. 하지만 나는 아이언맨 같은 체력도 없고 안나 윈투어 같은 독종도 아니다. 그저 정신만 차릴 뿐이다. 정신력만 있으면 할 수 없는 일이 없다고 생각한다.

나도 사람인데 왜 아프지 않겠는가? 왜 쉬고 싶지 않겠는가? 하지만 정신력 하나로 버텨낸다. 감기나 두통이 있는 환자에게 약효가 전혀 없는 약을 진짜라고 주면 감기가 낫거나 두통이 없어지는 플라시보 효과도 있지 않은가. 스스로에게 '나는 할 수 있다'고 최면을 건다. 다행히 일에 대한 끝없는 사랑과 열정이 나의 든든한 버팀목이 되어주었다.

우리는 모두 인생의 프로가 되어야 할 의무가 있다. 그러므로 다음 일곱 가지를 기억하자.

첫째, 항상 할 수 있다는 자신감과 긍정적 가치관을 가질 것.

둘째, 뒤돌아보며 후회하지 말 것. 후회해서 변화시킬 수 있는 건 아무것도 없다는 사실을 먼저 생각할 것.

셋째, 후회할 일을 만들지 않기 위해 수십 번 생각한 뒤 신중하게 행동할 것.

넷째, 결과에 미련을 두거나 자만하지 말고 다음에는 또 어떤 일을 시작할까 진취적 사고를 가질 것.

다섯째, 쓸데없는 자존심을 세우기보다 배려하고 존중하는 태도를 지닐 것.

여섯째, 자기 일을 사랑하고 열정적으로 임하며 일에서 재미를 찾을 것.

일곱째, 지나온 과거보다는 항상 미래를 그리며 더 나은 삶을 살기 위해 노력할 것.

그리고
생각만 하지 말고 실천할 것.
하고싶다, 되고 싶다가 아닌
하겠다, 되겠다고 말할 것.

오프라 윈프리를
꿈꾸며

"유난희 씨, 저희랑 같이 일해보시는 건 어떠세요? 보수는 원하는 만큼 줄게요."

"유난희 씨, 이제 슬슬 복귀해야죠. 보수는 얼마 정도 생각하시나요?"

2013년 말, GS SHOP과의 계약이 끝나고 9개월이라는 오랜 시간 휴식을 가졌다. 쇼호스트를 시작하고 난 뒤 가장 긴 공백기였다. 건강상의 이유로 쉬었지만, 치열하게 살았던 내게는 꿀처럼 달콤했던 휴식이었다.

쉬는 동안 많은 곳에서 스카우트 제의가 왔다. 그런데 흥미가 생기지 않았다. 너무 뻔한 제안뿐이었다. 얼마를 줄 테니 같이 일해보자는 식이었다. 그들은 나를 몰라도 너무 몰랐다.

2015년은 홈쇼핑 방송이 시작된 지 이십 년 되는 해다. 그동안 홈쇼핑에는 많은 변화가 있었다. 현재는 홈쇼핑 채널만 일곱 개다. 과거에는 물건을 구입하는 경로가 그리 다양하지 않았지만 지금은 인터넷, 모바일 등 쇼핑 경로가 훨씬 다양하다. 늘어난 홈쇼핑 채널뿐 아니라 경쟁해야 하는 상대가 더욱 늘어난 것이다.

나는 홈쇼핑이 앞으로 우리나라를 이끌어갈 창조경제의 한 축이 되어야 한다고 생각하는 사람 중 한 명이다. 홈쇼핑이 단지 가격이 저렴해서 찾는 쇼핑 채널이 아니라 소비자의 시선을 끌 만한 다른 요소가 있어야 한다고 생각한다. 그와 동시에 쇼호스트는 백만 원짜리 상품이 왜 백만 원의 가치가 있는지, 삼만 원짜리 상품이 왜 싸구려가 아닌지 그 의미를 설명해줄 수 있어야 한다고 생각한다.

나는 지금까지 홈쇼핑의 변화를 위해 많은 시도를 했다. 방송할 때 목소리 톤을 낮춰보기도 하고, 스토리텔링도 했다. 명품백의 소재와 가격만 얘기하는 게 아니라 브랜드의 역사를 설명하고, 스태프들을 무대 위로 올려 리얼리티를 강조하기도 했다. 그동안 쇼호스트로서 최초로 시도한 것이 많았다. 십 년, 이십 년 후를 위해 지금보다 더 나아가 새로운 것을 다양하게 시도해보고 싶었다. 이제는 뭔가 변화가 있어야 한다고 고민하던 때였다. 그러던 중 한 통의 전화가 걸려왔다.

"유난희 씨. 우리도 이제 변화를 줘야죠?"

CJ오쇼핑이었다. 이 말 한마디로 나는 방송 복귀를 결정했다. 다른 홈쇼핑과 달리 문화에 대해 이야기를 많이 하는 것도 내가 CJ오쇼핑을 선택한 이유다. 홈쇼핑으로 복귀할 때, 나는 그동안 내가 생각했던 것, 고민했던 것들을 모두 이야기했다. 다행히 CJ오쇼핑에서는 내가 해보고 싶은 것을 전부 해보라고 했다. 전적으로 나를 믿어준 것이다.

나는 단순히 명품을 판매하고 매출을 올리는 쇼호스트가 아니라 새로운 라이프스타일과 문화를 만드는 쇼호스트가 되고 싶었다. 그러기 위해서는 시청자들에게 더 가까이 다가가야 했다. 친밀해지고 신뢰를 얻어야 했다. 하지만 틀을 깬다는 것은 결코 쉬운 일이 아니다. 그만큼 리스크도 감당해야 한다. 무모한 시도일 수도 있었다.

하지만 CJ오쇼핑과 나는 의기투합했다. 다른 홈쇼핑과 차별화되고 특화된 방송을 만들기 위해 열심히 고민하고 논쟁했다. 나는 그동안 〈오프라 윈프리 쇼〉처럼 시청자와 소통하고 공감할 수 있는 홈쇼핑 방송을 만들고 싶었다. 시청자들이 직접 참여해 소통할 수 있으면 얼마나 좋을까 생각했다. 그래서 탄생한 것이 〈유난희 쇼〉다.

〈유난희 쇼〉는 내가 전에 했던 홈쇼핑 방송과도 차원이 다르다. 단순히 상품만 소개하고 스토리만 이야기하지 않는다. 시청자와 소통한다. 생방송 내내 카톡을 보내는 시청자와 이야기하고 웃고 울고 공감한다. 두 시간 진행하는 동안 1만 건에 가까운 카톡이 들어온다. 게다가 방송을 보는 시청자는 해외 명품 트렌드와 외국 문화생활에 대해서도 알 수 있다.

〈유난희 쇼〉는 과감하게 모델 출연도 생략했다. 모델이 입으면 다 예뻐 보이지만, 현실감이 떨어진다. 그래서 키도 몸집도 작은 내가 판매할 옷을 입고 직접 보여준다. 무작정 "이 옷이 좋으니까 사세요"가 아니라 음악이나 공연, 영화 이야기를 하다가 "제가 이 옷을 입고 공연장에 다녀왔어요. 여러분도 이렇게 차려입고 문화생활을 즐겨보는 건 어떠세요?" 하며 말을 건넨다. 내가 시청자들의 언니가 되고 친구가 되는 거다. 시청자의 신청곡을 받아서 음악을 틀어주기도 한다. 오래전부터 생각해오던 아이디어다.

쇼호스트를 하면서 마음속에 갈망이 하나 있었다. 홈쇼핑 방송에서 물건을 사지 않더라도 시청자들 마음속에 무언가 남는 게 있었으면 했다. 구매자가 아니라 시청자가 되게 하고 싶었다. 그리고 이들이 지금 당장은 아니라도 언젠가는 구매를 할 수 있는 잠재 고객이 되는 것이라고 믿었다. 이 모두가 예전부터 내가 해보고 싶었던 방송이었고, 기획이었다. 방송이 끝나고 나면 시청자들로부터 카톡이 온다.

'드라마보다 더 재밌어요.'

'두 시간 동안 정말 재밌었어요.'

'지금 유난희 씨가 추천해준 영화 보고 왔어요.'

'유난희 씨가 소개해준 곳 가보고 싶어요. 내일 가보려고요.'

이런 반응이 내겐 정말 힘이 된다. 채널을 돌리다 상품을 보고 쇼호스트의 멘트를 듣고 잠깐 머무르는 채널이 아니라 시청자와 소통하는 하나의 프로그램으로 인정을 받은 것 같아 뿌듯해진다. 그리고 나를 믿고 기다려주는 시청자를 위해, 다음 방송을 위해 또 열심히 달린다. 패러다임의 전환이 변화를 불러일으킨다고 믿는다. 작은 힘이지만, 나의 이런 노력이 시청자들의 생활에 조금이라도 활력을 주고 변화를 주고 있다고 믿고 싶다.

나는 지금도 앞으로 나아가고 있다. 성장하고 있다. 그리고 나의 이런 행보는 멈추지 않을 것이다. 크리스찬 디올은 '작품을 만들 때 손과 머리를 함께 써야 하기 때문에 내 일이 좋다'고 했다. 나 역시 나를 바라보고 있는 후배, 시청자, 팬을 위해서라도 마음을 담아 방송하면서 최선을 다할 것이다. 일 년 365일 멈추지 않는 나의 두뇌와 함께 몸을 움직이고 또 움직일 것이다.

유난희는 오늘도 내일도 'ing'다.

자기관리는 적금과 같다

일을 하다 보면 자기관리, 자기계발은 기본이다. 나도 방송인이다 보니 자기관리에 철저하려고 노력한다. 자기관리란 남에게 보이기 위해 하는 것도 있지만, 내 삶의 만족도를 높이기 위해서 필요한 과정이라 생각한다.

소소한 자랑을 하자면, 쇼호스트로서는 최초로 스모키 화장을 했다. 일반 선풍기나 컴퓨터 같은 것이면 모르겠지만, 패션 방송을 맡았던 때였다.

"아니, 어떻게 쇼호스트가 스모키 화장을 해!"

사람들은 모두 부정적으로 바라봤다. 그러나 그날 그 패션과 화장은 잘 어울렸다. 밋밋하지 않았기에 시청자들은 호평했다. 파격적인 시도였기에 화제가 되었고 최초가 되었다.

출연 때마다 네일아트를 바꿔 시청자들에게 깨알 같은 재미를 선사했다. 빨간색 매니큐어도 처음 시도했다. 네일아트는 얼굴보다 손이 많이 보이는 홈쇼핑 방송 특성상 나의 못생긴 손 때문에 궁여지책으로 생각해낸 아이디어였지만, 나는 이런 사소한 부분도 놓치지 않았다. 1996년 당시에는 지금처럼 네일아트가 일반적이지 않았다. 한 번 하는 데 거금을 들여야 했지만, 나는 자기관리 차원에서 아낌없이 투자했다.

연봉도 자기관리 대상에 속한다고 생각한다. 연봉 협상 때에는 냉정해져야 한다. 주는 대로 받아서는 안 된다. 그렇다고 턱도 없이 높은 금액을 불러서도 안 된다. 연봉 협상에서는 감정에 호소하지 말고, 실질적인 근거 자료를 제시해야 한다. 얼마나 회사의 성장에 기여했는지 수치로 보여줘야 한다. 그게 바로 프로다.

설사 자기가 노력한 만큼 제대로 인정받지 못했다고 해서 좌절할 필요는 없다. 기회란 다시 찾아오기 때문이다. 도저히 받아들일 수 없다면 계약서에 사인을 하기 전 심사숙고해서 결단해야 한다. 만약 결정을 내렸으면 이쪽이든 저쪽이든 행동하면 된다. 이때 후회는 금물이다. 미련을 보여서도 안 된다. 번복해서도 안 된다. 번복하면 자기 함정에 빠지게 되는 것이다. 그러므로 행동할 때는 신중해야 한다.

　버는 것만큼 잘 쓰는 것도 자기관리다. 벌기만 하고 제대로 쓰지 못한다면 인생에 아무런 의미가 없다. 의미 있는 소비도 중요하다고 생각한다. 주머니가 얇다고 해서 포기할 필요는 없다. 주머니 사정 안에서 해결하면 된다.

　물론 자기관리라는 것이 외모나 보수에만 국한된 것은 아니다. 사실 나는 돈은 쫓으면 쫓을수록 도망간다고 믿는다. 그보다는 직업에 필요한 역량이나 자신의 내면을 키우는 것이 정말 필요한 자기관리라고 생각한다.

　책을 쓰는 것도 자기관리 차원의 일환이다. 일하면서 그동안 책을 세 권 썼다. 〈명품 골라주는 여자〉, 〈아름다운 독종이 프로로 성공한다〉, 〈여자가 사랑하는 명품〉이다. 내가 책을 쓰는 이유는 나를 되돌아볼 수 있기 때문이다. 책을 쓰는 동안 내가 쌓아온 지식과 생각을 정리할 수 있기 때문이다.

　나는 최고의 자기관리는 공부라고 생각한다. 끊임없이 공부하고 연구한다. 특히 패션 트렌드에 대해서 많이 공부했다. 그래서 그전보다 더 다채로운 시각으로 패션을 보게 되었다. 공부라고 해서 책만 떠올려서는 곤란하다. 아이쇼핑도, 관찰도, 여행도 모두 일종의 공부다. CJ오쇼핑에 복귀하기 전 9개월 동안 그냥 쉬기만 했던 것은 아니다. 시청자와 소통을 하기 위해 많은 책을 읽고 문화생활을 하고 여행을 다니면서 다양한 경험을 쌓았다. 경험은 고스란히 내 것이 되니까 말이다.

'가장 좋은 자기계발은 현재 하고 있는 일을 열심히 하면서 자신의 분야를 확고히 하는 것이다'라는 말이 있다. 이 말에 공감한다. 그런데 한 가지 문제가 있다. 나는 운동을 즐겨 하는 편은 아니다. 걷는 것도 별로 좋아하지 않아서 자동차를 주로 활용한다. 그래서 대는 핑계가 마음의 운동이다.

건강하게 일하는 데에는 바른 마음가짐이 필수다. 육체의 병은 마음에서 나오는 것이기 때문에 마음의 운동을 많이 해서 병을 멀리해야 한다고 주장한다. 가령 운동을 많이 해도 불평불만이 많다면 결코 건강해질 수 없다. 마음이 즐거우면 따라서 힘도 난다. 마음의 운동을 많이 해서인지 방송 중에는 내가 제일 에너지가 넘치고 즐거워 보인다며 스태프들이 엄지를 치켜세워 또 나를 즐겁게 해준다.

내가 하는 마음의 운동은 음악 감상과 명상이다. 하지만 요즘에는 몸의 운동도 시작했다. 이제 이삼십 대가 아니다 보니 아침에 일어나면 힘들 때가 있다. 더 많은 일을 하기 위해 체력 관리가 필요함을 깨달으며 근력운동을 시작했다. 일을 즐기기 위해서는 체력이 기본적으로 뒷받침되어야 하기 때문이다. 언제까지나 마음의 운동만 열심히 할 수만은 없기 때문이다.

자기관리는 적금과 같다. 꾸준히, 성실하게 차곡차곡 쌓아나가다 보면 어느 순간 적금처럼 한번에 내게 돌아온다. 외모도, 건강도, 경제력까지도.

내 곁에 있는 사람

홈쇼핑의 전설

내게 붙여진 이런 수식어는 좀 쑥스럽다.

그저 판매하는 개념이 아닌 문화를 곁들인 상품 소개
간단명료한 정보 전달로 필요한 물건을 사게 만드는 일인자
한마디로 가치 있는 소비를 하게 만드는 최고의 쇼호스트

한 인터뷰 기사에 실린 나를 소개하는 글이다. 이런 소개는 사

실 기분이 좀 좋다. 아니, 많이 좋다. 내가 듣고 싶었던 말이니까.

지금 나의 위치는 절대 나 혼자만의 힘으로 만들어진 것이 아니다. 가끔 '잘되면 내 덕분, 못되면 네 탓'이라는 사람이 있지만, 나는 결단코 내가 잘된 것은 나를 도와주고 지지해준 많은 사람 덕분이라고 믿는다.

교사 자격증을 포기한다고 했을 때 나보다 더 아쉬워하며 나를 걱정해줬던 대학교 조교 언니는 방송국 시험에서 떨어진 내게 직장까지 소개해주었다. 그렇게 들어간 직장에서 실패를 맛보았기에 나의 길을 재확인할 수 있었고 나는 더 단단해질 수 있었다. 한국 방송 아카데미 실장님은 방송 아카데미 교육을 수료한 내게 의무도 책임도 없었지만, 리포터 자리를 연결해주고 격려해주었다. 방송 아카데미에서 사제 관계로 연을 맺은 뒤 나를 잊지 않고 한국통신 케이블TV 시범방송사업단 시험이 있다고 알려준 김상준 아나운서, 나에게 직업의 가치에 대해 새로운 시각을 열어주고, 방송인으로서의 모범을 보여주었던 고려진 선배, 쇼호스트 스카우트 때 왜 유난희가 1억 원의 연봉을 받을 가치가 있는지 설명해 주신 우리홈쇼핑의 고창수 이사님 등 내 뒤에는 나를 격려하고 지지해주었던 많은 사람들이 있다.

열악한 케이블 방송국에 취직해 혼자 헤어 메이크업을 해결해야 했던 나를 도와준 KBS 오영실 아나운서도 있다. 그녀는 나의 부탁을 거절하지 않고 방송국으로 초대해 친절하게도 방송용 메이크업 요령을 가르쳐주었다. 게다가 당시 9시 뉴스를 진행하던 여성 앵커를 소개해주어 추가로 교육을 받을 수 있도록 배려해주었다. 케이블TV 시범방송 아나운서 시절, 방송용 의상도 입사 동기를 통해 해결했다. 롯데백화점에서 근무할 때 친하게 지내던 입사 동기는 유명 아나운서에게나 빌려주는 뉴스 진행용 의상과 교양 프로그램용 의상을 내가 협찬받을 수 있도록 패션 업체를 소개해줬다.

초짜 대학생 리포터에게 잘했다며 자신감을 불러일으켜주었던 KBS PD, 피곤한 줄도 모르고 함께 밤을 새우며 같이 공부했던 쇼호스트 입사 동기들, 자극이 되고 서로에게 격려가 되었던 선의의 경쟁자들, 나를 믿어주었던 홈쇼핑 관계자들과 사장님들 모두 고맙고, 또 고마운 분들이다.

나는 성격이 직선적이고 솔직하다. 그러다 보니 윗사람에게 아부하지 못하고 할 말을 다 하는 편이다. 윗사람에게 무척 강하고 똑 부러지는 사람으로 비쳐질 텐데도, 많은 사람이 나를 아끼고 지지해주었다. 이들이 나를 이렇게 밀어준 이유를 나 자신도 잘 모르겠다. 아마 꿈을 잃지 않고 열심히 달려가는 내 모습이 안쓰러웠을 수도 있고, 대견해 보였을 수도 있을 거다. 그중에는 내 열정에 감동하고 믿어준 사람도 분명 있었을 거라고 생각한다.

그 기대에 부응하는 길은 내가 맡은 일에 최선을 다해 보답하는 것뿐이었다.

이제는 남자뿐 아니라 여자도 실력으로 살아남을 수 있는 세상이다. 그러므로 본인이 어떻게 처신하고 얼마나 열심히 노력해서 인정받느냐에 따라 자신의 운명은 달라진다.

원만한 대인관계로 성공하는 법, 사람을 모여들게 하는 대화법, 첫인상을 좋게 하는 법, 호감을 얻는 처세법, 설득의 기술 등 사람들과의 관계를 좋게 하기 위한 다양한 책들이 나온다. 이 책을 따라하면 마지 성공할 수 있는 것처럼 보인다. 그러나 내가 생각하는 가장 좋은 대인관계는 진심이다. 그리고 내가 열심히 하는 모습을 보여주는 것이다. 그것만큼 솔직하고 좋은 방법은 없다고 생각한다.

사회에 나와 지금까지 참으로 다양하고 많은 사람과 만났다. 그리고 그들은 내 인생에서 가장 소중한 재산이 되었다. 이들은 지금도 나를 든든히 뒷받침해주는 후원자들이며, 앞으로도 계속 그럴 것이다. 그리고 나 또한 그들의 열렬한 지지자가 되어줄 것이며, 감사의 마음을 전할 것이다.

내게 소중한 사람이 또 있다. 나의 팬클럽 나니사랑 회원과 나니사랑 서포터즈 분들이다. 제일 무섭고, 어렵다. 나의 행동 하나하나, 말 한마디 한마디를 지켜보고 챙겨준다. 매달 한 번씩 나와

〈유난희 쇼〉 관계자들을 위해 도시락으로 식사를 챙겨주는 나니 사랑 서포터즈 분들. 그 사랑을 무엇으로 보답해야 할지 가슴이 먹먹하다. 한 사람에게서도 사랑받기 어려운 세상에서 많은 사람들에게 관심받고 사랑받는 것은 분명 축복된 일이다. 감사할 따름이다.

"우리 딸이 엄마가 멋쟁이라서 좋다고 하네요."

나의 팬 중에 내가 처음 홈쇼핑 방송을 시작한 1995년부터 이십 년을 한결같이 계속 지켜봐주신 분이 있다. 처음에는 멋을 안 내다가 내 방송을 계속 보면서 멋쟁이가 됐다고 한다. 이런 분들을 보면 나와 함께 나이 들어가는 사람이 한둘이 아니라는 생각을 하게 된다. 이처럼 시청자들과 공감하고 소통해서 함께 행복하게 나이 들어갈 수 있다면 이보다 좋은 일이 또 있을까. 쇼호스트는 행복한 직업이다.

다시
꿈꾸다

있잖아, 불행하다고
한숨짓지 마

햇살과 산들바람은
한쪽 편만 들지 않아

꿈은
평등하게 꿀 수 있는 거야

나도 괴로운 일

많았지만
살아 있어 좋았어

너도 약해지지 마

이미 유명하기에 모두가 알고 있는 시인지도 모르겠다. 92세에 시에 입문해, 2009년 98세에 시집을 낸, 시바타 도요라는 할머니 시인의 시다. 시바타 도요 할머니는 백 세를 앞두고 자신의 장례비로 준비해두었던 돈을 털어 첫 시집을 냈다. 그녀의 첫 시집〈약해지지 마〉는 150만 부가 넘게 팔리며 일본 문단에 열풍을 일으켰다.

그녀가 시를 쓰게 된 계기는 아마추어 시인인 아들의 권유 때문이었다. 나이가 들어 취미로 하던 무용을 못하게 되자 아들이 시를 써보는 것이 어떻겠냐고 한 것이다. 그녀는 배운 것도 없고, 가난했으며, 한 번 이혼하고, 두 번째 남편과는 사별했다. 죽고 싶었던 순간도 많았다고 한다. 우여곡절이 많았던 인생을 살아온 그녀의 시는 어렵지 않다. 가족이나 일상, 과거의 추억 등 평범한 주제를 가지고 솔직하고 따뜻하게 풀어낸다. 그러나 그것보다 더 놀라운 것은 90세가 넘는 나이에도 도전하고 멈추지 않았다는 것이다.

나는 시바타 도요 할머니처럼 아주 늦은 나이는 아니지만, 결혼 후 일을 시작해 성공한 여성 몇몇을 알고 있다. 루펜리의 CEO인 이희자 대표는 전업주부로 살다가 남편이 사업에 실패하자 빚 30억 원을 갚기 위해 49세의 나이로 뒤늦게 사업에 뛰어들어 성공했다. 그녀가 선택한 아이템은 건조 음식물 쓰레기 처리기, 가습기였다. 지금은 친환경 기업으로 그 명성을 쌓아가고 있다.

'고시볼'이라는 한과를 만들어 대박을 낸 교동씨엠의 심영숙 대표 역시 전업주부로 남편 사업 뒷바라지를 하다 49세에 창업한 경우다. 평소 요리를 좋아했던 그녀는 좋은 한과를 비위생적으로 만드는 것을 본 뒤 아이디어를 얻어 발효과자 고시볼을 만들었다. 이 고시볼은 마카롱보다 맛도 뛰어나고 건강에 좋다는 평을 얻으며 외국인들의 입맛을 사로잡았다. 미스 코리아 출신인 탤런트 김성령도 젊었을 때는 미모로 주목받았지만, 마흔이 지난 지금은 연기로 제2의 전성기를 맞고 있다.

'전 제가 뭘 잘하는지 잘 모르겠어요.'

'전 꿈이 없어요.'

이렇게 이야기하는 사람이 많다. 잘하는 일이란 자신이 좋아하는 일일 확률이 높다. 꿈을 찾기 어렵다면 좋아하는 일을 찾으면 된다. 나는 여성들이, 주부들이 많은 꿈을 꾸었으면 좋겠다. 취업이나 일을 어렵게 생각하지 않았으면 좋겠다. 좋아하는 일을 꿈은 나이와도 전혀 상관없다.
나이 마흔이 넘어서도 새로운 꿈을 꾸고
그것을 실현하기 위해 노력하는 사람도 많다.

**꿈이 사라지면
다시 꾸면 된다.**

쇼호스트로 일한 지 이십 년이 지난 지금,
나 역시 새로운 꿈을 꾸고 있으니까.

하다보면 답이 나올 것이라고 믿는다.

여행을 좋아하면 여행기를 써서 출판사에 보내보고, 요리를 좋아하면 파워 블로거에 도전하면 된다. 운동을 좋아하면 몸짱 아줌마를 목표로 하면 된다. 누가 알겠는가. 제2의 마사 스튜어트, 몸짱 아줌마 정다연이 될 수 있을지. 남편이 출근하고, 아이들이 등교한 후 집에서 텔레비전을 보고 시간을 때우거나 신세 한탄만 하기 전에 무언가 자신이 좋아하는 일을 찾아 부지런히 움직여야 한다.

꿈은 나이와도 전혀 상관없다. 주변을 돌아보면 서른이 넘었다고 인생이 끝난 것처럼 말하는 사람도 있지만, 나이 마흔이 넘어서도 새로운 꿈을 꾸고 그것을 실현하기 위해 노력하는 사람도 많다. 한경희생활과학 한경희 대표의 〈너무 늦은 시작이란 없다〉란 책 제목처럼 정말 너무 늦은 시작은 없다고 생각한다.

꿈이 사라지면 다시 꾸면 된다. 쇼호스트로 일한 지 이십 년이 지난 지금, 나 역시 새로운 꿈을 꾸고 있으니까.

나의 지금이 가장 뜨겁다

나는 종종 미래의 내 모습을 그려본다.

먼저, 어느 날 갑자기 조용히 어디론가 떠나는 나를 상상한다. 나이든 모습을 사람들이 볼 수 없도록 어느 순간 모든 것과 단절하고 어딘가로 사라진다. 서울 외곽이 될 수도 있고 강원도 산골, 혹은 제주도가 될 수도 있다. 외국도 괜찮을 것 같다.

사람들에게 '유난희는 지금 뭘 하고 있을까?', '잘 지내고 있을까?'라는 궁금증을 일으키게 하고 싶다. 글을 쓰면서 사람들에게 내가 어딘가에서 살아 있음을 알려주는 것도 좋을 것 같다. 하지만 모습은 드러내지 않음으로써 신비감을 불러일으키는 것이다.

나의 여생을 그토록 좋아하는 여행도 실컷 하고, 사색에 잠겨 조용히 지내며 삶을 마무리하는 거다.

또 다른 모습은 봉사하고 더불어 사는 삶이다. 추하지 않게, 아주, 멋지게 나이가 들어서 사람들에게 모범적인 삶을 보여주는 거다. 오드리 햅번처럼 나이가 들어서 봉사도 하고 싶다. '이렇게 사는 거 어때요? 정말 아름답지 않나요?'라며 나만의 행보를 보여주는 것이다. 내가 오드리 햅번을 롤 모델로 삼고 있는 것처럼 누군가의 롤 모델이 될 수 있도록, 워너비가 될 수 있도록, 그렇게 노후를 사는 것이다.

아직 어떻게 살 것인지 구체적으로 결정을 내리지는 않았지만, 둘 다 괜찮은 노후일 것 같다. 사람들은 자신의 미래에 대해 궁금해한다. 그래서 새해가 시작될 때면 토정비결을 본다. 나도 이십 년, 삼십 년 뒤 나의 삶은 어떤 모습일지 참 궁금하다. 하지만 지금의 내가 그렇듯, 나의 미래도 결국 내가 만들어가는 것이라고 생각한다.

이십 년 홈쇼핑 역사와 함께하면서 많은 변화를 지켜보았다. 홈쇼핑이 성장하면서 택배업계 함께 성장했고, 카드 결제 문화도 활발해졌다. 이런 홈쇼핑과 사회의 입체적인 변화 속 한가운데에 내가 있었다. 과장된 표현일지도 모르지만 마치 격동의 세월을 살아온 것처럼 감격스럽다.

이 책을 쓰면서 나의 과거를 돌아보았다. 참으로 파란만장했다. 기쁨, 슬픔, 행복, 사랑, 분노, 좌절…… 모든 감정이 모여 열심히 인생이란 넓은 바다를 헤엄친 듯하다.
그러나 과거는 돌아볼 필요가 없다. 그저 참고할 뿐이다. 나라고 해서 후회가 없는 것은 아니다. 분명 후회되는 순간은 있고, 바꾸고 싶은 과거도 있다. 하지만 후회하느라고, 과거에 집착하느라 지금 쏟아부어야 할 에너지를 소모하고 싶지 않다. 다시 과거로 돌아가고 싶은 생각도 없다.
과거는 소중한 경험이다. 그것이 나쁜 경험이든 좋은 경험이든 후회할 것도, 지워버리고 싶다고 생각할 필요도 없다. 지금의 나를 있게 한 소중한 시간이기 때문이다. 그러나 과거 십 년간 내가 살았던 행보가 지금의 나를 만들었다면, 지금부터 만들어가는 십 년이 미래의 나를 만든다고 생각한다. 그렇기 때문에 내겐 현재, 바로 지금이 가장 중요하다. 미래에 대한 기대감을 가지고 현재에 충실하면 미래는 멋지게 만들어질 수밖에 없다고 믿는다.

나의 과거를 돌아본다.
20대,
30대,
40대…….

나는 항상 뜨거웠다. 그리고 그 열정은 식지 않았다. 20대가 뜨거운 건 당연하다. 30대에도 충분히 끓어오를 수 있다. 하지만 40대가 되면서 열정은 서서히 가라앉는다. 아니, 나이가 들어가면서 열정은 식는 것이라고 사람들은 당연한 듯 이야기한다. 하지만 그것은 세상 사람들의 편견일 따름이다.

나는 지금도 20대의 열정을 그대로 간직하고 있다. 아니, 세상의 잣대로 본다면 나이 들어도 나의 열정은 식지 않았으니 나의 삶, 열정의 온도는 지금이 가장 높은 셈이다.

그러므로
유난희는
지금이 가장 뜨겁다.

그리고
앞으로도
여전히
뜨거울 것이다.

뜨겁게

2015년 12월 10일 초판 1쇄 발행

지은이 | 유난희
펴낸이 | 이동은

편집 | 박현주

펴낸곳 | 버튼북스
출판등록 | 2015년 5월 28일(제2015-000040호)

주소 | 서울시 동작구 현충로 151, 109-201
전화 | 02-6012-3601
팩스 | 02-6052-2214

ISBN 979-11-955738-4-4 13320
ⓒ 유난희, 2015

*본서의 내용을 무단 복제하는 것은 저작권법에 의해 금지되어 있습니다.
*파본이나 잘못된 책은 구입하신 서점에서 교환해 드립니다.